제임스 패커의 기독교 기본 진리

주기도문

일러두기

'제임스 패커의 기독교 기본 진리' 시리즈의 원제는 「Growing in Christ」이다. 원서는 총 4부로 구성되어 있지만 독자의 편의와 활용을 위해 네 권으로 분권하였다.

Growing in Christ
Copyright ⓒ 1994 by J. I. Packer

Published by Crossway
a publishing ministry of Good News Publishers Wheaton, Illinois 60187, U.S.A.
This Korean edition is published by arrangement with Crossway Books through rMaeng2, Seoul, Korea.
Korean Copyright ⓒ 2012 by Abba Book House, Seoul, Korea.
All rights reserved.

이 책의 한국어판 저작권은 알맹2 에이전시를 통하여 Crossway Books와 독점 계약한 아바서원에 있습니다. 신 저작권법에 따라 한국 내에서 보호를 받는 저작물이므로 무단 전재와 복제를 금합니다.

제임스 패커의 기독교 기본 진리
주기도문

제임스 패커 지음 | 김진웅 옮김

아바서원

차례

머리말 6

들어가는 말 13

1장 · 너는 기도할 때에 ··· 15
2장 · 이렇게 기도하라 ··· 23
3장 · 우리 아버지 ··· 31
4장 · 하늘에 계신 ··· 39
5장 · 이름이 거룩히 여김을 받으시오며 ··· 45
6장 · 나라가 임하시오며 ··· 53
7장 · 뜻이 이루어지이다 ··· 61
8장 · 하늘에서 이루어진 것과 같이 땅에서도 ··· 69

9장 · 우리에게 일용할 양식을 주소서 ··· 75
10장 · 우리 죄를 사하여 주소서 ··· 83
11장 · 시험에 들게 하지 마소서 ··· 91
12장 · 우리를 구하소서 ··· 99
13장 · 모든 악에서 ··· 105
14장 · 나라와 권세 ··· 111
15장 · 그리고 영광 ··· 117
16장 · 아멘 ··· 123

머리말

내가 이 책을 쓰게 된 동기는 성경공부 모임에, 또는 그런 모임에 참여할 수 없어서 혼자 공부하는 사람들에게 필요한 자료를 제공하기 위해서다. 그런 견지에서 이 책은 숱한 성경공부 모임에 사용되고 있는 나의 책 「하나님을 아는 지식」(*Knowing God*, IVP 역간)과 짝을 이룬다. 이 책은 기독교의 가르침 가운데 항상 중심이 되는 세 가지 신조(信條)인 사도신경, 주기도문, 십계명 그리고 세례에 대한 내용으로 구성되었다. 각 부분은 마음만 먹으면 단숨에 소화해낼 수 있을 만큼 짧고 간략한 여러 소제목으로 이루어져 있고, 좀 더 심도 있는 학습을 위해 각 장마다 '스터디 가이드'를 실었다.

사도신경, 주기도문, 십계명, 이 세 가지 신조는 각각 기독교 신앙의 내용, 하나님과의 교제(기도), 행동의 규범을 다룬다. 세례는 하나님의 언약, 그리스도인의 회심(回心)과 약속, 교회생활에 대한 것으로, 논리적 전개 순서에 따라 2부 ('제임스 패커의 기독교 기본 진리' 시리즈 「세례와 회심」편을 말한다-옮긴이)에서 다루었다. 세례 때 받아들이는 신앙의 내용이 먼저 나온 다음 세례에 대해 다루고, 뒤이어 제자의 삶을 보여주는 기도(주기도문)와 순종(십계명)에 대한 고찰이 이어져야 논리적일 것 같아서다.

나는 이 책이 역사적 신앙을 견지(堅持)하는 모든 교회에서 사용되기 바란다. 이런 바람에서 나는 C. S. 루이스가 (리처드 백스터에게서 빌려온 개념인) '순전한 기독교'(Mere Christianity)라고 부른 문제에 국한하여 다루었다. 따라서 나는 로마 가톨릭교회가 사도신경과 복음을 역사적으로 오해한 대목(현대의 많은 로마 가톨릭 신학자들이 이를 극복하려고 애쓰고 있다)을 꼭 지적해야 할 경우를 제외하고는 믿음의 본질에 초점을 맞추려고 노력했다.

압축적이면서 암시적인 방법으로 쓴 각 과의 제목은 당신의 의견과 생각을 유도하는 것에 지나지 않는다. 그러므로 각 주제를 완벽히 소화하려면 '스터디 가이드'에서 제시한 질문과 성경본문을 더욱 심도 있게 연구하기 바란다.

오늘날에는 '교리문답'(catechism, 요리문답)이라는 용어만 들으면 마음이 편치 않은 그리스도인들이 많은데 그럴 필요는 없다. '교리문답'(catechism)이라는 단어는 "들려주어 가르치다"라는 뜻의 헬라어 '카테케오'(*katecheo*)에서 유래한 말일 뿐이다. 영어 'catechism'(문답식 가르침, 교리문답), 'catechumen'(가르침 받는 사람, 또는 세례지원자), 'catechumenate'(체계화한 가르침), 'catechize'(오늘날에는 문답식 교수법만을 가리키지만, 원래는 "가르치다"라는 뜻의 동사)라는 단어가 모두 이 헬라어에서 유래했다. 사도행전 8장에 보면 빌립이 에티오피아 내시를 가르치는 장면이 나오는데, 그 과정이 바로 문답이다.

기독교는 누구에게든 본능적이지도 않으며, 아무 노력 없이 우연히 선택할 수 있는 신앙이 아니다. 기독교는 배워야 하며 따라서 가르침이 필요하다. 그러므로 교회생활 가운데 '체계적인 가르침'(catechumenate)이 반드시 필요하다.

초대교회 시대에는 기독교에 대해 질문하고, 회심하는 사람들이 끊이지 않았다. 그리고 그들의 수준에 맞춰 문답을 해주는 것이 교육의 한 방식이었다. 종교개혁가들은 기독교에 무지한 기독교 국가를 부흥시키기 위해 어린이들을 위한 체계적인 가르침에 집중했다. 1529년 루터가 '어린이 교리문답'을 발표한 이래 한 세기 반 동안, 문자 그대로 수백 개의 교리문답이 쏟아져 나왔다. 대체로 청소년들을 위한 것이었고 그 가운데 일부는 교회의 공식적인 문건이며, 일부는 목회자 개인이 사적으로 쓴 것이었다.

특히 영국국교회(성공회) 기도서 교리문답, 하이델베르크 교리문답, 웨스트민스터 소요리문답이 가장 유명하다.

오늘날 대부분의 개신교 신자들은 교리문답과 문답식 교육을 오직 자녀양육과 관련해서만 생각하고, 성인을 대상으로 쓴 C. S. 루이스의 「순전한 기독교」(*Mere Christianity*, 홍성사 역간), 빌리 그레이엄의 「하나님과의 평화」(*Peace with God*, 생명의말씀사 역간), 존 스토트의 「기독교의 기본 진리」(*Basic Christianity*, 생명의말씀사 역간), G. K. 체스터턴의 「정통」(*Orthodoxy*, 상상북스 역간)와 같은 책들은 교리문답서가 아니라고 생각한다. 그러나 이 책들은 교회 밖 사람들에게는 기독교 가르침을 소개하고, 교회 안 사람들에게는 신앙의 기초를 확립해준다는 면에서 교리문답서라는 표현이 가장 알맞다.

오늘날 성인들에게 체계적인 기독교교육(문답식 교육)을 부활시키는 일이 절실히 필요하다. 그러나 꼭 교리문답이라고 부를 필요도 없고, 미리 짜 맞춘 형식의 글을 엄격하게 반복 학습하는 형태를 취할 필요도 없다. 오랫동안 개신교도는 자녀에게 교리문답을 가르쳤다. 그런데 어떻게 된 일인지 기독교의 본질을 잘 모르는 사람들이 교회 안팎에 너무나 많다. 그러므로 교회는 이런 사람들에게 기독교의 본질을 탐구할 기회를 주어야 한다. 설교가 그들에게 도움이 되면 좋겠지만 그렇지 않은 경우도 종종 있다. 일반적으로 설교는 설교하는 사람과 듣는 사람 모두 신앙의 근본적인 사항을 확신한다는 전제하에 이루어진다. 만일 이런 확신이 없을 때, 그 사람은 설교를 자신과 동떨어진 것이나 심지어 거슬리는 것으로 느낀다. 그러므로 기독교의 지적 근간을 조사하고, 질문하며, 검토하기에 가장 좋은 환경은 강단 앞이 아니라, 교리문답으로 체계적인 교육을 받는 것이다. 적어도 기독교 역사가 이 점을 시사한다.

현대의 교육 이론은 개인의 탐구, 발견, 집단 토론을 중시한다. 교회의 성인교육이라고 해서 이런 방법을 취하면 안 될 이유는 전혀 없다. 이는 참으로 좋은 방법이다. 기독교는 일정한 내용과 불변의 사항을 지니는 것이지 토론에 의해 계속 재창출되는 무한변수 X가 아니라는 사실을 기억한다면 말이다.

C. H. 스펴전이 한 이야기 가운데 이런 일화가 있다. 한 아일랜드인이 분리파 교회의 집회에서 어떤 깨달음을 얻었냐는 질문을 받았다. 이때, "아, 그것은 멋진 일이었습니다. 우리 가운데 뭐라도 아는 사람이 아무도 없었습니다. 그저 우리 모두 서로에게 배운 셈이지요"라고 분별없이 한 말은 우리에게 시사해주는 바가 크다. 자칭 기독교 모임에서 공공연히 기독교의 근본을 공부

하고 있다고는 하지만, 이 이야기에서 나타난 바와 같이 겉모양만 기독교일 뿐, 기독교의 근본 내용이 없는 경우를 볼 수 있다. 그러나 기독교의 근본을 소개하는 성경공부 모임에서는(이런 모임을 해마다 쉬지 않고 운영하는 교회들도 있다) 참되며, 반드시 필요한 교리교육, 즉 기독교의 본질을 체계적으로 정리한 내용을 가르치고 있다. 이런 성경공부를 도입함으로써 유익을 얻지 못할 교회는 없으리라고 생각한다.

이 책이 기독교 신앙의 본질을 더욱 깊이 이해하고, 우리 주(Lord)와 구주(Savior)가 되시는 예수 그리스도 안에서 성장하는 데 작은 도움이나마 되었으면 하는 바람이다.

제임스 패커

주님의 기도

그러므로 너희는 이렇게 기도하라

'하늘에 계신 우리 아버지여

이름이 거룩히 여김을 받으시오며

나라가 임하시오며 뜻이 하늘에서 이루어진 것같이

땅에서도 이루어지이다

오늘 우리에게 일용할 양식을 주시옵고

우리가 우리에게 죄 지은 자를 사하여 준 것같이

우리 죄를 사하여 주시옵고

우리를 시험에 들게 하지 마시옵고

다만 악에서 구하시옵소서

(나라와 권세와 영광이 아버지께 영원히 있사옵나이다 아멘)'

―마태복음 6:9-13

들어가는 말

사도신경, 십계명, 주기도문은 그리스도인이 믿고, 행동하고, 하나님과 교제하는 방법을 제 각각 요약해주는 세 가지 훌륭한 기독교 신조다. 특히 주기도문은 놀라울 정도로 함축적이다. 그 안에는 수많은 의미가 들어 있다. 그것은 복음의 요약이며(터툴리안), 신학의 몸통이다(토머스 왓슨). 간구의 원칙이자 살아가는 모든 일의 열쇠이다. 그리스도인 됨의 의미를 주기도문보다 더욱 명확히 밝혀주는 것은 없다.

종교개혁 시대의 다른 교리문답서와 마찬가지로, 영국국교회 기도서 교리문답은 이 세 가지 요약된 신조에 대해 집중적으로 다루었는데, 주기도문 부분에는 이런 문답이 있다.

문: 이 기도에서 당신이 하나님께 가장 바라는 것은 무엇입니까?
답: 나는 모든 선한 것을 주시는 나의 주 하나님, 하늘에 계신 아버

지께서 나와 모든 사람에게 은혜를 주셔서, 우리가 마땅히 하나님을 예배하고, 하나님을 섬기고, 하나님께 순종하게 하시기 원합니다. 그리고 우리 영혼과 육신에 필요한 모든 것을 주시기를, 자비를 베푸셔서 우리 죄를 사하여주시기를, 영혼과 육신의 모든 위험에서 흔쾌히 우리를 구하시고 보호해주시기를, 모든 죄와 악함에서, 우리 영혼의 원수와 영원한 죽음에서 우리를 지키시기를 하나님께 기도합니다. 그리고 자비하고 선하신 하나님이 우리 주 예수 그리스도를 통하여 이 일들을 행하실 것이라고 나는 믿습니다. 그러므로 나는 '아멘'이라고 말합니다.

지금부터 이 문답의 의미를 자세히 살펴보겠다.

1장 너는 기도할 때에

하나님께 기도하는 일은 오늘날 많은 사람들에게 하나의 문제로 인식된다. 어떤 사람은 왜 기도해야 하는지도 모르면서 기도하는 시늉만 하고, 어떤 사람은 기도를 묵상이나 명상으로 대체한다. 대부분의 사람은 기도를 완전히 포기했다. 이런 문제는 왜 생길까? 답은 명확하다. 사람들이 기도에 문제를 느끼는 것은 하나님에 관해 막연히 알고 있기 때문이다. 하나님이 계시는지, 인격적인 분이신지, 선하신지, 만물을 주관하시는지, 당신과 나처럼 평범한 사람에게도 관심이 있으신지 확신하지 못한다면, 당신은 틀림없이 기도는 아주 무의미한 것이라고 결론을 내리고, 기도하지 않게 될 것이다.

하지만 예수께서 하나님이시라는 것, 바꿔 말해서 하나님은 예수님처럼 인격적인 분이시라는 것을 당신이 믿는다면, 당신은 그런 의심을 하지 않을 것이다. 아울러 우리가 성부와 성자께 기도로 말씀드리는 것은 예수께서 하늘에 계신 아버지께 말씀드리는 것이 당연한 것처럼, 제자들이 지상에서 활동하시던 주님께 말씀드리는 것이 당연한 것처럼, 우리의 기도도 당연하다는 것을 깨닫게 될 것이다.

쌍방향 대화

때로는 충고로, 때로는 행동으로 언제든 우리를 돕는, 우리가 사랑하고 존경하는 부모나 현명한 친구와의 대화는 무의미하지도 않고 지루하지도 않다고 느낀다. 우리는 그들을 소중히 여긴다. 그들에게 많은 것을 얻기 때문에, 기꺼이 시간을 내고 애써 시간을 조정한다. 하나님과 교제하는 시간인 기도도 이런 식으로 생각해야 한다. 감리교의 성자 빌리 브레이(Billy Bray)가 "그것을 하나님께 말씀드려야만 해"라고 말했을 때(그는 이렇게 말할 때가 종종 있었는데), 그가 의미한 것은 기도였다.

기도하면, 정말로 하나님이 우리에게 무언가 말씀해주시는가? 그렇다. 아마 우리는 그분의 목소리를 듣지 못할 것이고, 어떤 메시지를 주신다는 강하고 갑작스러운 느낌도 받지 못할 것이다.

(그런 일이 일어난다면 우리는 그 경험을 의심하게 될 것이다.) 그러나 자기 문제를 곰곰이 생각하고 하나님 보좌 앞에서 그 문제를 말씀드릴 때, 원하는 것과 그것을 원하는 이유를 말씀드릴 때, 당면 문제와 관련 있는 기록된 하나님의 말씀과 그 원칙에 비추어 자기 길을 생각할 때, 우리는 자신과 자신의 기도에 대한 하나님의 생각, 그리고 자신과 주위 사람을 위한 하나님의 뜻이 마음속에서 확실해지는 것을 깨닫는다. "이런 일이 왜 일어납니까?"라고 물으면 아무것도 명확해지지 않는다. "감추어진 일은 우리 하나님 여호와께 속하였기"(신 29:29) 때문이다. 그러나 "내가 있는 지금 이곳에서 어떻게 하나님을 섬기고 영화롭게 할 수 있을까요?"라고 물으면 항상 대답해주실 것이다.

기도하게 하심

하나님은 우리에게 기도하라고 하셨다. 기도는 (가장 쉬운 것은 아니지만) 지금까지 우리가 행한 활동 가운데 가장 당연한 활동이며, 하나님이 우리를 판단하시는 척도라고 해도 지나친 말이 아니다. "홀로 하나님 앞에 무릎 꿇는 것, 인간은 바로 그런 존재이다"라고 맥체인(Robert Murray McCheyne, 1843년 29세의 나이로 소천한 스코틀랜드의 설교자. 눈물의 목회자로 유명하다-옮긴이) 목

사는 말했다.

예수의 제자들도 그렇게 느낀 것 같다. "기도를… 우리에게도 가르쳐주옵소서"(눅 11:1)라는 중대한 요청을 한 것을 보면 그렇다. (당신은 이런 요청을 한 적이 있는가?) 예수께서는 이 요청을 받고 기뻐하셨을 것이다. 그러나 훌륭한 스승답게 자기 감정을 드러내지 않고 실질적인 답을 주셨다. "너희는 기도할 때에 이렇게 하라." 이어 우리가 '주님의 기도'(눅 11:2-4; 마 6:9-13)라고 부르는 형식의 기도를 제자들에게 가르치셨다.

예수께서 "이렇게 하라"고 말씀하셨을 때, 앵무새처럼 그 기도를 반복해야 한다고 하신 것일까? 아니다. 예수의 의도는 거기에 담긴 '의미'를 이해해야 한다는 말씀이었다. 주님의 기도는 모든 그리스도인을 위한 기도의 전형이다. 예수께서는 우리가 우리의 태도와 생각과 요구를 그 기준에 맞출 때, 다시 말하면 예수께서 일러주신 기도의 전형에 부합하는 기도를 드릴 때 하나님이 우리의 기도를 기쁘게 받으신다고 가르치신다. 우리의 모든 기도는 모양이나 형식에서 주님의 기도에 부합해야 한다는 말이다.

기도를 배움

"경험은 가르치고 배울 수 있는 것이 아니다!" 이 문구는 사원

채용과 관련한 책자에 나와 있었지만, 돈을 버는 기술뿐만 아니라 기도와 관련해서도 깊은 진리를 담고 있다. 기도는 노래와 마찬가지로 책(심지어 이 책마저도)에서 배우는 것이 아니다. 실제로 기도함으로써 배우는 것이다. 또 지극히 자연스럽고 자발적인 활동이기 때문에 기도에 관한 책을 읽지 않아도 매우 능숙해질 수 있다. 하지만 발성법을 훈련하면 노래를 더 잘할 수 있는 것처럼, 다른 이들의 경험과 충고에 귀를 기울인다면 목적에 맞는 기도를 드리는 데 많은 도움을 받을 수 있다. 성경에는 모범적인 기도의 사례가 가득하다. 시편에는 150편에 달하는 모범적인 찬양, 탄원, 헌신의 기도가 있으며, 이것은 모두 합당한 기도의 본보기이다. 아울러 성경에는 기도에 대한 많은 가르침이 있다.

우리는 다른 사람의 기도를 앵무새처럼 되풀이하는 것에 만족해서는 안 된다. 하나님은 그런 기도에 만족하시지 않는다. (자녀가 다른 사람의 말을 인용하기만 하고, 주관이 없어 다른 사람의 생각을 빌리지 않고서는 말 한마디 못한다고 상상해보라. 어느 부모가 좋아하겠는가?)

그러나 다른 피아니스트의 곡 해석은 예비 피아니스트가 그 곡을 해석하거나 가장 잘 연주하는 법(아마도 그 피아니스트와 아주 똑같지는 않을 것이다)을 찾아내는 데 도움이 되는 것처럼, 다른 사람이 기도하는 법을 보고, 실제로 그들과 함께 기도함으로써 우리는 우리 나름으로 기도하는 법을 찾아낸다. 또 우리에게는 기도의 안내자가 되어줄 주님의 기도가 있다.

빛을 분석하는 데 일곱 가지 색깔의 스펙트럼에 대해 언급할 필요가 있듯이, 주님의 기도를 분석하는 데는 일곱 가지 독특한 활동의 스펙트럼을 언급해야 한다. 그 일곱 가지는 이렇다. 하나님을 앙모하고 신뢰하며 그분께 다가감, 하나님의 역사와 그분의 가치를 인정함, 죄를 시인하고 용서를 구함, 자신과 다른 사람에게 필요한 것이 충족되기를 구함, 창세기 32장에서 야곱이 씨름했던 것처럼 복을 구하기 위해 하나님을 설득함(하나님은 설득당하기 좋아하신다), 하나님이 설정하신 우리의 상황을 수용함, 좋을 때나 나쁠 때나 충성스럽게 하나님을 가까이함. 이 일곱 가지 활동이 성경적인 기도를 이루며, 이것을 모두 구현한 것이 주님의 기도다.

따라서 우리는 주님의 기도로 끊임없이 기도하도록 지도하고 자극해야 한다. 주님의 기도로 기도하는 것은 우리가 하나님의 뜻에 맞게 기도하는 가장 확실한 길이다. 곤경에 빠져 기도가 고갈되었을 때, 주님의 기도로 기도하고 그 구절들을 음미하면 기도의 능력을 회복할 수 있다. 우리는 주님의 기도보다 더 훌륭한 기도를 만날 수 없다. 주님의 기도는 기도에 대한 주님의 첫 교훈일 뿐 아니라 기도에 대한 교훈을 총괄하고 있다. 주님, 우리에게 기도를 가르쳐주옵소서.

더 읽을 말씀

- 기도는 당연한 것: 시편 27편, 139편

복습과 적용

- 하나님을 대하는 관점은 기도를 대하는 관점에 어떤 영향을 미치는가?
- "지금까지 우리가 행한 활동 가운데 가장 당연한 활동"이 기도라고 하는 이유는 무엇인가?
- 모든 기도는 주기도문을 비추는 거울이어야 한다는 말은 어떤 의미인가?

2장 이렇게 기도하라

"그러므로 너희는 이렇게 기도하라." 예수께서는 산상수훈에서 주기도(마 6:9-13)를 소개하셨다. 분명히 그때 이 기도는 단지 기도문으로서만이 아닌 기도에 대한 우리의 생각을 포괄하는 전형으로 우리에게 소개되었다. 그 전형에 담긴 것은 무엇인가? 주님의 기도를 조망해보기로 하자.

기도의 첫머리에서 하나님을 부르는 말은 의미심장하다. 이 말을 들은 제자들은 하나같이 놀랐을 것이다. 유대교에서는 하나님을 "아버지"라고 부르는 일이 없었기 때문이다. 그러나 예수께서는 우리에게 하나님을 그렇게 부르라고 말씀하셨다. 다시 말하면 우리는 하나님 가정의 자녀이며, 하나님은 아버지의 사랑으로 우리를 돌보시는 분이므로 하나님께 다가가고, 하나님이 함께 계심을 환영하라고 가르치신다.

"하늘에 계신 우리 아버지여." 그렇다면 우리는 여기서 우리의 아버지께서 "하늘에" 계심을, 다시 말해 주권을 가지고 스스로 계시며, 하늘에도 계시고, 이곳도 다스리시는 그분, 하나님이 바로 우리 아버지라고 생각할 수 있다. 이 말 뒤에 주님의 기도 전체가 상정하는 하나님의 두 속성은 아버지의 사랑과 초월적인 위대함이다.

하나님을 부르는 말 다음에는 하나님 중심의 세 가지 간구가 나온다. 이 세 가지 간구는 예수께서 "크고 첫째 되는 계명"이라고 당부하신 태도, 즉 "네 마음을 다하고 목숨을 다하고 뜻을 다하여 주 너의 하나님을 사랑하라"(마 22:37-38)는 태도를 강력히 촉구한다.

첫 번째 간구는 하나님의 이름이 거룩히 여겨져야 한다는 것이다. 성경에서 '이름'은 "인격"을 의미한다. 따라서 하나님의 이름을 거룩히 여기는 것은 하나님을 거룩한 분으로 인정한다는 의미이다. 그 방법은 하나님의 모든 계시를 경외하고, 응답하여, 하나님을 예배하고, 그분께 순종하는 것이다.

두 번째 간구는 하나님의 나라가 도래해야 한다는 것이다. 하나님의 '나라'는 하나님의 권능이 구원을 통해 공적으로 드러나는 것을 의미하며, 그분의 나라가 임하기를 바라는 기도는 그리스도께서 다시 오셔서 모든 것이 새로워질 때까지 하나님의 주권이 온 세상에 드러나고, 하나님의 구원하시는 은혜를 맛보기 바라는 간구이다.

세 번째 간구는 하나님의 뜻이 이루어지기를, 즉 하나님의 모든 계명과 의도가 완전히 성취되기를 구한다.

하나님, 그다음 인간

그다음으로 인간 중심의 세 가지 간구가 나온다. 하나님을 높이라는 요청 뒤에 바로 인간 중심의 간구가 나오는 것으로 보아 우리는 다음 사실에 유념해야 한다. 개인적으로 필요한 것들을 구한다면 그것은 아버지의 영광을 위한 것이어야 하며, 하나님의 뜻과 상관없이 자신의 뜻대로 구해서는 안 된다. 양식의 공급, 죄의 용서, 시험과 시험하는 자("악에서 구하시옵소서"에서 '악'은 '그 악한 자', 곧 '사탄'을 의미한다)로부터 보호를 요청하는 것이 주님의 기도에서 찾아볼 수 있는 인간 중심의 간구다. 물질적인 필요, 영적인 갱생과 회복을 위한 필요, 인도와 도움을 위한 필요 등 우리에게 필요한 모든 것이 여기에 포함되어 있다.

우리는 기도를 '끝맺는 찬양'의 말로 나라를 하나님께 돌리고

(하나님을 보좌에 계신 분으로 찬송하고), 권능을 하나님께 돌리고(우리가 구하는 모든 것을 할 수 있는 분으로 하나님을 높이고), 영광을 하나님께 돌린다. (지금 이곳에서 우리가 하나님을 찬양한다는 것을 선포한다.) 그리스도께서 이렇게 주님의 기도를 직접 풀이하지는 않으셨지만, 나의 이 설명이 잘못된 것은 아닐 것이다!

하나님이 대화를 이끄신다

내가 어떤 도움을 바라면서 부모님이나 친구에게 내 걱정과 문제를 이야기할 때는, 종종 그들이 주도권을 잡고 대화를 이끌어나가도록 해주어야 할 경우가 있다. 어쩌면 머리가 뒤죽박죽인 상태인 내가 실제로 대화를 방해할 수 있기 때문이다.

우리는 감정을 주체하지 못하고 자신의 문제를 쏟아낸 경험도 있고, "잠깐만, 이 점을 분명히 하자. 자 이제 내게 …에 대해서 다시 한번 말해봐. 그것을 어떻게 느꼈는지 말해봐. 그러면 네 문제는 뭐니?"라는 말로 내가 하던 말을 제지당해본 경험도 있다. 그들은 이런 식의 말로 우리의 문제가 무엇인지 가려낸다.

우리는 하나님이 묻는 일련의 질문에, 주님의 기도에 나오는 모범적인 답안으로 대답할 수 있다.

"너는 나를 누구라고 생각하느냐, 나는 너에게 무엇이냐?"(하

늘에 계신 우리 아버지)

"그렇다면, 네가 참으로 원하는 것이 무엇이냐?"(아버지의 이름이 거룩히 여겨지는 것, 아버지의 나라가 임하는 것, 아버지의 뜻이 알려지고 이루어지는 것)

"그래서 그런 목적을 위한 수단으로 너는 지금 무엇을 구하는 것이냐?"(공급, 용서, 보호)

그러고 나면 기도를 '끝맺는 찬양'의 말이 마지막 질문에 답한다.

"이것들을 구하면서 너는 어찌 그리도 담대하고 자신감이 넘치느냐?"(아버지, 당신은 이 일들을 하실 수 있으며, 이 일들을 하실 때 당신께 영광이 돌려진다는 것을 알기 때문입니다!)

이 질문으로 우리는 우리의 생각을 매우 유용하게 간추려볼 수 있다.

가끔은 기도하다가 아무도 우리의 기도를 듣지 않는다는 느낌이 들 때가 있다. 우리의 감성에 진리를 호소하고 있다는 생각의 유혹에 시달리기도 한다. 이때 하나님은 우리에게 앞서 건넨 질문을 하시면서, 우리가 하나님을 누구라고 생각하는지, 하나님께 무엇을 원하는지, 왜 그렇게 생각하고, 왜 그것을 원하는지 솔직하게 말하기를 원하신다. 또 하나님이 우리에게 이렇게 물으시고 답할 것을 요구하신다는 점을 깨달으면(이 깨달음은 분명 성령이 주시는 것이다), 우리는 마침내 이 유혹에서 벗어날 수 있다.

그러나 이것은 주님의 기도로 알 수 있는 일부일 뿐이다. 이렇게 볼 때, 주님의 기도는 숨은그림찾기와 흡사하다. 그림을 처음 보았을 때는 그 숨은 그림을 찾아내지 못하다가 나중에야 그 숨은 그림이 갑자기 보인다. 그리고 그다음부터는 언제 그림을 보아도 그 숨은 그림이 눈에 확 들어온다. 우리에게 숨은 그림은 질문하시는 하나님이다. 그리고 그 질문의 답은 주님의 기도의 한 구절 한 구절에 들어 있다. 이 점을 이해할 때, 당신은 기도의 참 모범을, 그것을 지으신 분이요 가르치신 분께서 의도한 방식대로 활용할 수 있다.

더 읽을 말씀

- 모범이 되는 기도: 요한복음 17장

복습과 적용

- 우리가 하나님의 임재에 들어가기를 간구할 수 있는 근거는 무엇인가? 당신은 자신이 하나님과 가까이 있다고 생각하는가? 그

렇게 말할 수 있는 이유는 무엇인가?

- 온 마음으로 하나님을 사랑하는 것과 주기도문은 어떤 관계가 있는가?
- 주기도문을 본받아 기도하려면 어떤 자세가 필요한지 말해보라.

3장 우리 아버지

주님의 기도는 가족 간에 사용하는 말로 이루어져 있다. 예수께서는 자신처럼 하나님을 아버지라고 부르라고 가르치신다. 예수께서 하나님을 아버지라고 부른 예는 겟세마네 동산에서 드린 기도와 요한복음 17장에 나오는 예수의 대제사장적인 기도가 있다. 이 기도에는 "아버지"라는 말이 여섯 번이나 나온다. 그러나 여기서 의문이 하나 생긴다. 예수께서는 본성상 영원한 하나님의 두 번째 위격인 하나님의 아들이시다. 그에 반해 우리는 하나님의 피조물이다. 그런데 무슨 권리로 우리가 하나님을 아버지라고 부르겠는가? 예수께서 이런 식의 호칭을 가르치셨다는 것은 그분에게 피조물도 하나님의 자녀에 속한다는 의중이 있었던 것일까? 아니면 무엇일까?

양자가 됨

이 점을 명확히 밝혀두는 것은 대단히 중요하다. 앞에서도 살펴보았듯이, 예수께서 의도하신 것은 인간이 모두 본질적으로 하나님의 자녀라는 것이 아니다. 예수께 헌신한 제자들이 은혜로 하나님의 가족에 편입되었다는 것이 그분이 말씀하신 취지다. "영접하는 자 곧 그 이름을 믿는 자들에게는 하나님의 자녀가 되는 권세를 주셨으니"(요 1:12). 바울은 이것을 성육신(成肉身)의 목적이라고 말한다. "하나님이 그 아들을 보내사… 우리로 아들의 명분을 얻게 하려 하심이라"(갈 4:4-5). 아버지 하나님께 기도하는 일은 오직 그리스도인들만이 할 수 있다.

이제 문제가 풀렸다. 예수께서는 우리 제자들이 그분의 이름으로, 그분을 통해서 기도해야 한다고, 즉 자신을 하나님께 가는 '길'로 믿어야 한다고 강조하신다. 요한복음 14장 6, 13절, 15장 16절, 16장 23-26절을 보라. 주님의 기도에는 왜 이런 내용이 없는가? 요점은 여기, '아버지' 안에 함축되어 있다. 예수를 우리의 중보자가 되시며, 우리 죄를 대신 지신 분으로 여기는 사람만이, 그리고 그분을 통해서 하나님께 가는 사람만이 하나님의 자녀로서 하나님께 구할 권리가 있다.

자녀이자 상속자

합당한 방법으로 기도하고 또 그렇게 살려면, 하나님이 은혜로운 '아버지'가 되신다는 말에 함축된 의미를 파악해야 한다.

첫째, 하나님의 양자가 된 우리는 하나님의 "사랑하는 아들"(마 3:17, 17:5)만큼이나 많은 사랑을 받는다. 자녀를 입양한 가정 중에서 친자녀와 입양된 자녀 중 친자녀를 더 사랑하는 가정이 있지만 아버지 하나님께는 그런 흠이 없으시다.

이것은 이제까지 들어보지 못한 좋은 소식이다. "다른 어떤 피조물이라도 우리를 우리 주 그리스도 예수 안에 있는 하나님의 사랑에서 끊을 수 없으리라"(롬 8:39)라는 바울의 말이 바로 이런 하나님의 사랑을 의미한다. 하나님은 우리를 결코 잊지 않으신다. 또 우리를 돌보는 일을 그만두지도 않으실 것이다. 우리가 방탕한 행동을 할지라도(안타깝지만 우리는 모두 이렇게 행동할 때가 있다), 하나님은 여전히 인내하시는 우리의 아버지가 되신다.

영국국교회 기도서에는 이렇게 나와 있다. "하나님은 언제나 우리가 기도하는 것 이상으로 들을 준비가 되어 있으시다. 우리가 원하는 것보다 우리가 받을 만한 것보다 더 많이 주시는 데 익숙하시다." 마태복음 7장 11절에서는 이렇게 말씀한다. "너희가 악한 자라도 좋은 것으로 자식에게 줄 줄 알거든 하물며 하늘에 계신 너희 아버지께서 구하는 자에게 좋은 것으로 주시지 않겠느냐!"(마 7:11, 이와 병행 구절인 누가복음 11:13에는 "좋은 것으로" 대신에 "성령을"이라고 씌어 있다. 예수께서 마음에 두었던 좋은 것 가운데 하나가 성령의 사역이었던 것도 확실하다). '아버지' 하나님의 사랑이라는 진리를 알면 기도는 물론 모든 삶에서 무한한 자신감이 생긴다.

둘째, 우리는 하나님의 상속자이다. 고대 입양은 상속인을 확보하기 위해 이루어졌다. 그리스도인은 그리스도와 함께 하나님의 영광의 상속자가 되었다(롬 8:17). "사랑하는 자들아 우리가 지금은 하나님의 자녀라 … 그가 나타나시면 우리가 그와 같을" 것이라(요일 3:2). "너희는 그리스도의 것"이기 때문에, 이미 "만물이 다 너희 것임이라"(고전 3:21-23; 롬 8:28-30). 이 말을 이해하면, 어떤 군주나 억만장자보다 자신이 더 부유하며 특권이 많다는 것을 깨닫게 된다.

셋째, 우리 안에는 하나님의 영이 계신다. 하나님과 우리의 관계가 변화되었듯이(양자관계), 더불어 우리에게는 성경에서 '중생' 또는 '거듭남'이라는 인생의 방향 선회가 일어난다. 욕망의 변화, 인생관과 태도의 변화가 뒤따른다. 예수의 "이름을 믿는" 자들은 "하나님께로부터 난 자들"(요 1:12 이하), 곧 "성령으로 난 사람"(3:6, 3-8을 보라)들이다. 바울은 말한다. "너희가 아들이므로 하나님이 그 아들의 영을 우리 마음 가운데 보내사 아빠 아버지라 부르게 하셨느니라[새로워진 영혼의 본능에 의해 자발적으로 그렇게 부르도록 격려하셨느니라]"(갈 4:6).

슬프게도 (우리 모두에게 일어나는 일인데) 우리는 "마땅히 기도할 바를 알지 못하여", 기도하려면 머리가 멍해지고, 마음이 둔해지고, 혀가 굳어지는 것처럼 느낀다. 이때 바르게 기도하고 싶다는 갈망이 있고, 그렇게 기도하지 못해 비통함을 느낀다면, 성령께서 우리 마음에 효과적으로 개입하시어 우리를 위해 친히 간구하신다는 사실을 알게 된다(롬 8:26-27). 이 일은 신비할 만큼 우리를 안심시켜주고 놀라울 만큼 우리 마음을 북돋아준다.

넷째, 우리 아버지의 관심사에 관심을 둠으로써 그분을 공경해야 한다. "하나님의 이름… 나라… 뜻"이 관심의 중심이 되어야 한다. 가정에서 부모의 가르침에 순종하는 올바른 자녀처럼, 우리도 하나님의 가정에서 아버지의 가르침에 순종하는 착한 자녀가 되어야 한다.

다섯째, 지속적으로 배려하고 기도함으로써 우리 형제들을 사랑해야 한다. 주님의 기도는 가족에게 필요한 것들을 간구하라고 가르친다. "우리 아버지여… 우리에게 일용할 양식을 주시옵고… 우리 죄를 사하여 주시옵고 우리를 시험에 들게 하지 마시옵고 악에서 구하시옵소서." '우리'는 나 이상의 의미가 있다. 하나님의 자녀에게 기도는 하나님과 나의 일대일 관계로 제한되지 않는다. 우리의 기도 속에는 가족에 대한 관심이 늘 녹아 있어야 한다.

따라서 하나님께 다가가 그분을 "아버지"라고 부를 때, 우리는 그리스도에 대한 믿음과 하나님에 대한 확신, 성령에 대한 기쁨, 순종의 결의, 동료 그리스도인에 대한 관심을 나타내야 한다. 오직 그렇게 하는 것만이 하나님을 아버지라고 가르치신 예수의 의도에 부응하는 것이다.

찬양과 감사

하나님을 아버지라고 부르는 기원이 주님의 기도의 첫머리를 장식하는 것처럼, 우리의 기도에도 새롭게 깨달은 가족관계에 대한 감사가 항상 먼저 나와야 한다. 즉, 하나님이 우리의 아버지가 되시고, 우리는 하나님의 은혜로 그분의 자녀가 된 이 관계를 날마다 새롭게 깨닫고 고백하는 것이다. 올바른 기도는 하나님을 오래도록 바라보고, 감사와 찬양을 드리기 위해 마음을 고양하는 것으로 시작한다. '아버지'는 바로 이런 상태로 우리를 불러내신다. 그리스도인의 기도에는 은혜에 대한 감사, 하나님의 아버지 되심에 대한 찬양, 양자가 되고 상속자가 된 우리의 기쁨이 커가야 한다. 이 상태에 이르지 못했다면, 우리는 더욱더 마음을 다해 기도해야 한다. 하나님께 드리는 것을 먼저 바르게 해야 한다.

따라서 나는 묻는다. 우리는 항상 '아버지' 하나님께 기도하는가? 그리고 기도할 때마다 그분을 찬양하는가?

더 읽을 말씀

- 하나님의 아버지 되심: 로마서 8:12-25, 마태복음 6:1-16

복습과 적용

- 우리는 무엇 때문에 하나님을 아버지라고 부를 수 있는가? 왜 그리스도인만이 이렇게 부를 수 있는가?
- 기도할 때, 우리가 하나님의 자녀임을 깨닫는 것은 왜 중요한가?
- "주기도문은 가족에게 필요한 것을 간구하라"고 가르치는데 그 이유는 무엇인가?

4장 하늘에 계신

 기도의 생명력은 전적으로 기도를 권하시는 하나님을 어떤 관점으로 대하느냐에 달려 있다. 하나님에 대한 단조로운 생각은 기도에 대한 감각 역시 무디게 만든다. (이것이 당신의 문제가 아닐까?) 언젠가 「성경에 나오는 위대한 기도」(*Great Prayers of the Bible*)라는 책이 발간되었다. 성경에 나오는 위대한 기도의 특징은 위대한 하나님에 대한 위대한 인식을 보여준다는 내용이다.

 주님의 기도 첫머리에서 "우리 아버지여"라고 하나님을 부르는 말은 바로 그런 인식의 발현이다. "우리 아버지여"는 그리스도의 백성을 향한 하나님의 사랑, 즉 완전한 아버지가 보여주실 수 있는 모든 보호와 관심의 특성과 깊이를 나타내준다. "하늘에 계신"은 우리의 신성한 아버지가 위대하시며, 영원하시고, 무한

하시고, 전능하시다는 사실을 보여준다. 그리하여 하나님의 사랑은 불변하며, 한이 없고, 그 뜻을 짐작하기 어렵다는 것과 우리가 기도할 때 말씀드리는 모든 필요한 것들을 충족시켜주신다는 것을 일깨워준다. 바탕에 이런 생각이 깔린 기도는 기도의 활력을 잃지 않는다.

하늘

하나님은 영(靈)이다. 그러므로 하나님이 계시는 '하늘'은 우리에게서 멀리 떨어진 어떤 장소를 의미할 수 없다. 그리스의 신(神)들은 지상에서 멀리 떨어진 바하마군도와 같은 천상의 외진 곳에서 대부분의 시간을 보내는 것으로 알려져 있다. 그러나 성경의 하나님은 그렇지 않다.

　세상을 떠난 성도들과 천사들은 하나님의 피조물이기 때문에 시간과 공간의 제약을 받는다. 따라서 그들이 머무는 하늘은 어떤 장소라고 생각해야 할 것이다. 그러나 창조주가 "하늘에" 계시다고 말할 때 그 의미는, 어떤 다른 장소에 계신다기보다는 우리와 다른 차원에 계신다는 뜻이다. 하늘에 계신 하나님이 지상에 있는 자기 자녀와 항상 가까이 계신다는 것은 성경 전체에서 알 수 있는 자명한 사실이다.

예배

하나님의 위대함을 알면, 우리는 겸비해지고(왜소해지고!) 감동을 받아 하나님께 예배를 드리게 된다. 우리가 주님의 기도로 단지 무엇을 구하는 법만 배울 수 있는 것은 아니다. 하나님을 있는 그대로 예배하고, 그리하여 온 마음으로 그 이름을 거룩히 여기는 법을 배우게 된다. 영광 중에 있는 천사들과 성도들은 하나님을 아버지로 섬긴다(엡 3:14 이하). 지상에 있는 우리도 역시 그렇게 해야 한다.

우리 아버지 하나님이 하늘에 계심을 아는 지식, 혹은 (그 반대로) 하늘에 계신 하나님이 우리의 아버지이심을 아는 지식은 우리의 경이와 기쁨을 배가시켜준다. 그리고 우리가 그분의 자녀로서 그분과 교통할 수 있는 '핫라인'(직통전화선), 곧 우리에게 기도할 수 있는 특권의식을 심어준다. 기도는 진정한 '핫라인'이다. 그분은 세상의 주인이다. 그럴지라도 우리가 부를 때면 그때마다 우리에게 시간을 내주신다. 그분의 눈은 매 순간 모든 것을 지켜보시지만 우리가 부르면 언제든지 우리에게 관심을 기울이신다. 너무도 신기하다! 그러나 우리가 정말로 기도를 이해했는가? 우리는 마땅히 기도에 대해 많이 생각해보아야 한다. 기도를 철저히 이해하기 위해 생각해볼 수 있는 두 갈래의 길이 있다.

그 첫 번째 길은, 먼저 "가까이 가지 못할 빛에 거하시고"(딤전 6:16) 멀리 떨어져 계시는, 무한하고 영원한 창조주이신 하나님의 위대함에 대해 생각하라는 것이다. "하나님이 참으로 사람과 함께 땅에 계시리이까 보소서 하늘과 하늘들의 하늘이라도 주를 용납하지 못하겠거든…"(대하 6:18)이라는 솔로몬의 질문을 생각하라. 그러나 그다음 하나님이 솔로몬에게 하신 대답을 생각해보라. "지극히 존귀하며 영원히 거하시며 거룩하다 이름하는 이가 이와 같이 말씀하시되 내가 높고 거룩한 곳에 있으며 또한 통회하고 마음이 겸손한 자와 함께 있나니 이는 겸손한 자의 영을 소생시키며 통회하는 자의 마음을 소생시키려 함이라"(사 57:15).

그다음, 이 약속은 하나님이 죄로 죽을 수밖에 없는 우리 죄인들, 회개하고 겸손히 자기 죄의 대가를 인정하며, 믿음의 피난처가 되시는 예수께 피하는 우리 죄인들의 아버지가 되실 때, 가장 깊은 단계까지 성취된다는 것을 다시 한번 자신에게 각인시켜보라. 두렵고, 떨리며, 거룩하고, 초월적인 하나님이 그 사랑 안에서 자기 몸을 낮추시어 우리를 웅덩이에서 건져내신다. 말하자면 우리를 양자 삼으시고, 자기와 무제한의 친교를 나눌 수 있도록 자신을 내어주셔서, 우리를 영원히 풍성하게 하신다.

두 번째 길은 하나님의 아버지 되심을 생각하라는 것이다. 그러고 나서 그분은 "하늘에"(우리가 '하늘의' 아버지라고 부르듯) 계시다는 것을 상기하라. 이 사실은, 육신의 아버지에게 찾아볼 수 있는 어떠한 제한이나 부적절함이나 흠이 하나님께는 없으며, 하나님의 아버지 되심은 다른 모든 관계에서처럼 모든 점에서 완전히 이상적이며 완벽하고 영화롭다는 것을 의미한다. 우리의 창조주 하나님보다 자기 자녀의 영원한 행복에 더할 나위 없이 관심이 많고, 이를 증진시키는 데 더없이 지혜로우시며, 너그러운 아버지가 없다는 사실을 되새겨보라. 다시 말해 창조주 하나님보다 더 좋은 아버지가 없다는 사실을 되새기라.

양쪽으로 빠르게 움직이는 추처럼 생각해보라. '하늘에 계신 하나님이 나의 아버지이며, 나의 아버지는 하늘에 계시다! 이것은 그저 믿음의 항목이 아니라 진실이다!' 이 점을 이해하든지 아니면 이 사실에 당신을 온전히 맡기라. 그다음 당신이 느낀 바를 하나님께 아뢰라. 이것이 우리 주님께서 깨닫게 하시는 예배이다. 우리 주님은 자신의 아버지요, 우리의 아버지이신 하나님을 주기도문 첫머리에 부르게 하셔서 우리가 이렇게 생각할 수 있도록 했다.

더 읽을 말씀

- 초월적인 하나님과의 만남: 이사야 40장

복습과 적용

- 우리가 기도드리는 하나님이 하늘에 계시다는 사실은 왜 중요한가?
- 하나님은 "우리와 다른 장소에 계시는 것이 아니라 다른 차원에 계신다"는 말은 무엇을 의미하는가? 이 말은 하나님에 관해 어떤 점을 말해주는가?
- 하나님의 위대하심을 아는 지식은 우리 안에 어떤 반응을 불러일으키는가?

5장 이름이 거룩히 여김을 받으시오며

우리가 날 때부터 지니고 있는 '자기중심성'(self-centeredness)이란 가히 끝이 없다. 만일 그대로 내버려두었다면, 우리가 드린 기도는 '자기'로 시작해서 '자기'로 끝났을 것이다. 그런데 그리스도인이라고 생각되는 사람들의 기도에서도 이런 식의 이교도적인 기도가 보인다. 영적 절름발이나 다름없는 우리에게 주님의 기도는 목발이자 길이며, 걸어다니는 교훈이다. 바로 이 주님의 기도에서 '하나님'으로 시작하라고 가르쳐준다. 이 점에 주목하라. 하나님이 우리보다 무한히 더 중요함을 깨닫는 것이 첫 번째 교훈이다. 따라서 '아버지의'가 세 가지 간구를 시작하는 열쇠다. 주님의 기도 전체에서 가장 중요하고 핵심적인 첫째 요구는 무엇인가? 바로 "(아버지의) 이름이 거룩히 여김을 받으시오며"

이다. 이 점을 이해하고 당신도 이렇게 기도하라. 그러면 기도와 삶의 비밀이 당신 앞에 펼쳐질 것이다.

영광이 하나님께 있기를!

"(아버지의) 이름이 거룩히 여김을 받으시오며"라는 기도에서 요청되고 있는 것은 무엇인가? 성경에서 하나님의 '이름'은 하나님이 드러내신 자신의 인격을 의미한다. "거룩히 여김을 받으시오며"라고 하면 거룩하시다고 알려지고 인정되고 존중되는 것을 의미한다. '거룩함'은 하나님과 우리를 구별하는 단어로서, 특히 하나님의 놀라운 권능과 고결함을 나타내는 데 사용된다. 따라서 이 간구는 성경의 하나님, 오직 그분에 대한 찬양과 공경이 모든 것의 주제가 되어야 함을 요구한다.

"오직 하나님께만 영광"이라는 말은 존 칼빈과 그의 추종자들의 뚜렷한 모토이다. 그렇다고 해서 이 일이 그들에게 불명예가 되지는 않는다. 그러나 다른 모든 기독교 교파들에게는 칼빈주의자들의 이런 도드라짐(신학의 중심을 '하나님의 영광'으로 삼는 것)이 우회적인 책망이 된다(그들이 '하나님의 영광'의 중요성을 간과한 셈이 되기 때문에). 사실상 정통 기독교 사상을 견지하는 모든 학파에서는 비록 논지의 명확함에 차이가 있을지 모르나 인생의 합당한 목표는 우리 자신을 증진하는 것이 아니라 하나님을 찬양하는 것이라고 주장한다. "여호와여 영광을 우리에게 돌리지 마옵소서… 주의 이름에만 영광을 돌리소서"(시 115:1).

방향 감각

누가 시편 115편과 같은 기도를 드리고, 그런 마음을 품을 수 있을까? 전 인생을 이런 시각에서 보는 사람만이 가능하다. 그런 사람은 하나님의 창조를 경시하고 하나님의 구원에만 집중하는 초영성(superspirituality)이라는 덫에 빠지지 않는다. 초영성에 빠진 사람은 아무리 헌신적이고 선한 의도를 가졌더라도 비현실적인 측면을 갖게 되어 자신의 인간성마저 해친다. 하지만 '하나님 영광 중심주의자'는 모든 것이 결국 창조주의 손에서 유래했다고 믿기 때문에 인간이 그것으로 무엇(신학과 교회 일과 마찬가지로, 아름다움, 부부생활, 자연, 자녀, 예술, 기술, 음식, 게임 등)을 하든 근본적으로 선하며 매력적이라고 여긴다. 그러면 그는 감사와 기쁨에 넘쳐 다른 사람들 역시 자신처럼 인생의 가치를 발견하고, 하나님을 찬양하며 살도록 도울 것이다. 극도로 따분한 이 시대에, 하나님의 이름을 거룩히 여기는 일은 창조의 선하심에 감사하는 태도에서 비롯된다.

그러나 여기에서 그치지 않는다. 하나님의 이름을 거룩히 여기는 일에는 하나님의 구속사역의 선하심과 위대하심을 찬양하는 것도 요구된다. 하나님의 구속사역에는 하나님의 지혜, 사랑, 정의, 권능, 진실함이 결부되어 있다. '하나님의 지혜'가 의롭지 못한 사람들을 의롭다고 하실 정당한 방법을 찾아내셨다. '하나님의 사랑'이 자기 아들을 내어주셔서 우리를 위해 죽음의 고통을 겪게 하셨고, '하나님의 공의'가 그 아들을 우리의 대속물로 삼으시고 그분이 우리의 불순종에나 어울릴 법한 죽임을 당하게 했다. '하나님의 권능'은 우리를 그리스도의 부활에 연합시키어 우리 마음을 새롭게 하시며, 우리를 죄의 속박에서 풀어주시고, 우리를 감동시켜서 회개하고 믿게 하신다. 하나님의 신실함이 우리를 타락하지 않게 지키시어 마침내 마지막 영광에 이르도록 하신다(요 10:28 이하; 고전 1:7 이하; 벧전 1:3-9을 보라).

우리는 자신을 구원하지 못한다! 아버지의 구원의 은혜도, 아들의 구원사역도, 구원에 이르도록 하는 믿음도 우리에게서 비롯된 것이 아니다. 이 모든 것이 다 하나님의 선물이다. 처음부터 끝까지 구원은 주의 것이다. 하나님의 '이름이 거룩히 여김을 받는' 일에는 이런 사실을 인정하고, 그 사실로 인해 하나님을 찬양하고 경배하는 일이 포함된다.

이것이 전부는 아니다. 모든 것이 합력하여 선을 이루고(롬 8:28), 하나님의 기록된 말씀이 진리임을 믿기 때문에 하나님께 예배한다. 이럴 때 하나님의 이름은 온전히 거룩해진다. 하나님의 말씀은 모든 신자가 "내 발에 등이요 내 길에 빛"(시 119:105)이라는 고백과 함께 소중히 여겨야 한다. 시편 기자는 "주께서 주의 말씀을 주의 모든 이름보다 높게 하셨음이라"(시 138:2)라고 말한다. 따라서 우리도 그렇게 반응해야 한다. 아버지가 세상의 통제권을 잃으시기라도 한 듯 자녀가 두려움 가운데 산다면, 또 자녀들이 맏형(그리스도)의 본을 따르지 못하고 성경의 가르침과 약속을 아버지의 가르침으로 받들지 못한다면, 하나님 자신을 의미하는 하나님의 이름은 결코 존중히 여김을 받지 못할 것이다. 불행하게도 오늘날, 하나님의 이름을 거룩히 여기는 일은 이렇게 광범위한 측면에서 실패하고 있다.

하나님의 이름을 거룩히 여기는 일은 시종일관 감사하는 것이다. 감사를 모르거나 감사가 부족한 것은 하나님을 공경하지 않는 것과 같다. 바울은 그것을 하나님에게서 떨어져나가는 근본 원인이라고 지적한다(롬 1:20 이하). 창조주를 공경하고 영화롭게 하는 것을 그저 아는 데서 그쳐서는 안 된다. 그분께 고마워하며 순종함으로써 감사함을 나타내야 한다. "이름이 거룩히 여김을 받으시오며"라는 고백은 우리와 우리 곁에 있는 모든 이성적인 존재가 이런 식으로 하나님께 영광을 돌려야 한다는 의미다.

성경은 하나님의 이름을 거룩히 여기는 사람을 주님을 '경외하는 자'라고 부른다. 이렇게 부름으로써 하나님의 위엄에 대한 경외심과 겸손한 신뢰(그렇다, 불신이나 두려움이 아닌 신뢰), 존중을 나타낸다. 이에 대한 고전적인 본문이 시편 111편이다. "여호와께 감사하리로다… 여호와께서 행하시는 일들이 크시오니… 그의 행하시는 일이 존귀하고 엄위하며… 진실과 정의이며 그의 법도는 다 확실하니… 그의 언약을 영원히 세우셨으니 그의 이름이 거룩하고 지존하시도다 여호와를 경외함[시편 111편에 따르면, 하나님께서 행하시는 일과 말씀을 찬양함]이 지혜의 근본이라."

존경의 옛 표현인 '경외함'(이 말을 적용할 대상이 적기 때문에 오늘날 사람들에게는 거의 사용하지 않는다)이라는 말은 경건함은 물론 선한 감각과 성숙한 인간성을 함축하는 말이었다. 그래서 하늘의 아버지와 지상의 아버지 모두에게 어울리는 말이었다. 하나님의 이름을 진정으로 존경하면 실제적이고 통찰력 있는 참지혜를 얻게 된다. 바보 같고 경박해보이는 그리스도인이 있거든 그에게 하나님의 이름을 거룩히 여기는 법에 대해 배웠는지 물어야 한다.

우리의 즐거움

웨스트민스터 소요리 문답에서는 "사람의 제일 되는 목적은 하나님을 영화롭게 하고 영원토록 그분을 즐기는 것이다"라고 했다. 목적이라는 표현이 복수가 아니라 단수임에 주목하라. 하나님을 영화롭게 하고 그분을 즐기는 두 활동이 하나라는 것이다. 하나님이 하시는 모든 일의 목적, 즉 하나님의 제일 되는 목적도 그분의 영광이다. (이외에 다른 어떤 훌륭한 목적이 있을 수 있겠는가?) 하나님이 우리를 그런 목적으로 만드셨기 때문에 우리는 그분을 찬양하며, 그분께 복종하고 예배드림으로써 그분의 이름을 거룩히 여기는 일에서 최고의 성취와 즐거움을 누린다. 하나님은 잔혹한 분이 아니시다. 당신이 믿든 믿지 않든, 하나님이 우리를 창조하신 원리는 우리가 시행해야 하는 의무, 우리의 흥미, 기쁨과 완벽히 일치한다.

하나님의 뜻은 언제나 재미없고 따분한 것이라는 이교도적인 생각(하나님께 대단히 불명예스러운 생각이다)에 사로잡혀 하나님의 뜻을 이행하는 사람은 순교자나 다름없다고 생각하는 사람이라면, 그리스도인의 의무와 그리스도인이 느끼는 기쁨이 서로 부합된다는 것을 처음에는 미처 깨닫지 못할 것이다. 그러나 그리스도인은 경험을 통해 이 진리를 깨닫는다! 장래의 삶에서 훨씬 더 명확히 깨달을 것이다. '하나님의 이름을 거룩히 여기는 일'을 인생의 의무로 삼는다면, 즐거움을 좇는 삶이 아닐지라도 그 삶은 점차 즐거운 여정이 될 것이다. 이것을 믿을 수 있는가? 백문이 불여일견이다! 시도해보라. 그러면 알게 된다.

더 읽을 말씀

- 하나님의 이름이 영화롭게 됨: 시편 148편

복습과 적용

- 임의로 기도문을 작성한다면, 그 기도문과 주기도문은 어떻게 다를지 말해보라.
- 하나님의 이름을 거룩히 여긴다는 것은 어떤 의미인가? 당신의 말로 표현해보라.
- 모든 것이 결국 하나님에게서 나온다는 믿음은 인생관에 어떤 영향을 미치는가?

6장 나라가 임하시오며

성경 전체에는 하나님이 자신의 세상에 대해 주권을 가지고 계신다는 의미의 "주님은 왕이다"라는 기조가 깔려 있다. 그러나 하나님의 왕권과 하나님의 나라는 다른 사안이다. 전자가 보통 '섭리'라고 부르는 창조의 사실이라면, 후자는 '은혜'라고 불러야 마땅할 구속의 사실이다.

둘은 본질적으로 성경적이나 성경에는 이 차이를 나타내는 어휘가 없다. '나라'는 구약과 신약에서 모두 사용되었는데, 하나님의 우주적인 주권을 나타내기 위해 사용하기도 했고, 예수 그리스도를 통한 각 사람과 하나님의 구속의 관계를 나타내기 위해서 사용하기도 했다. 주님의 기도에서 "나라가 임하시오며"의 '나라'는 구속의 관계를 의미하는 것이고, "나라와… 아버지께 영원히 있사옵나이다"의 '나라'는 하나님의 우주적인 주권을 의미한다.

주권자 하나님은 자신을 모독하고 불순종하는 사람들을 포함한 모든 사람의 삶과 행동을 지배하신다. 끔찍한 경쟁의식에 사로잡혔던 요셉의 형들은 요셉을 노예로 판 뒤, 그가 죽었다고 아버지 야곱에게 말했다. 그러나 사람의 삶과 행동을 지배하시는 하나님 덕택에 요셉은 나중에 이렇게 말할 수 있었다. "당신들은 나를 해하려 하였으나 하나님은 그것을 선으로 바꾸사"(창 50:20). 예루살렘의 유대인들은 "법 없는 자들의 손을 빌려[예수를] 못 박아 죽였으나," 예수께서는 사람의 삶과 행동을 지배하시는 "하나님께서 정하신 뜻과 미리 아신 대로 내어준 바 되었"고, 그 죽음으로 말미암아 세상을 구원하셨다(행 2:23).

그러나 이러한 하나님의 지배는 하나님의 은혜의 통치와는 다르다. 하나님 앞에 머리 숙여 참회하며 악에서 구원해줄 것과 의로운 길로 인도해주기를 바라는 사람의 마음과 삶 가운데 일어나는 하나님의 다스리심이 바로 하나님의 은혜의 통치이다. 우리가 예수를 왕으로 섬길 때 바로 이 일이 일어난다.

예수와 그의 나라

따라서 하나님의 나라는 장소가 아니라 관계다. 그 나라는 예수를 나의 삶의 주인으로 모시는 곳이라면 어디에나 존재한다. 예수께서 "하나님 나라가 가까웠으니"라고 전파하기 시작하셨을 때, 그 말씀의 의미는 오랫동안 이스라엘이 기다려온 하나님의 구원의 기쁨에 지금 당장 들어갈 수 있다는 뜻이었다(막 1:15). 어떻게 거기에 들어갈 수 있을까? 복음서는 이 질문에 충분한 답을 주고 있다. 그분의 제자가 되고, 그분께 온 마음을 바치고, 그분의 뜻에 삶을 온전히 맡기고, 그분께 죄사함을 받고, 우리의 모든 관심을 그분의 뜻에 일치시키고, 전폭적으로 그분을 사랑하고, 다른 무엇보다 그분의 요구를 중요시함으로써, 다시 말해, 바울이 말한 "사랑으로써 역사하는 믿음"(갈 5:6), 그리고 베드로가 말한 예수 그리스도를 "주 곧 구주"(벧후 1:11, 2:20, 3:2, 18)로 인정하고 받아들이는 믿음을 드러낼 때 우리는 그 나라에 들어갈 수 있다.

예수께서는 니고데모에게 이 믿음을 환기시키시면서(요 3:13-15), 성령에 의한 철저한 내적 변화를 겪지 않고서는 그 나라에 들어갈 수 없다고 말씀하셨다. 예수의 표현대로라면 '거듭남'이 없이는 아무도 하나님 나라를 볼 수도, 들어갈 수도 없다(3-8절).

이 구절은 우리에게 성령의 도움이 없이는 아무도 하나님 나라에 들어갈 수 없음을 가르쳐준다. 따라서 우리는 하나님 나라를 요구할 만큼 거만해서도, 하나님의 뜻대로 변화되는 일을 거부해서도 안 된다.

하나님 나라는 예수님과 더불어 왔다. 하나님의 아들이 육신을 입고 오셨기 때문에, 예수께서 곧 하나님 나라라고 말할 수 있다. 예수의 통치는 성경적인 의미에서 볼 때 지극히 당연하고, 인격적이고, 직접적이고, 절대적이다. 그분의 요구는 사람의 요구가 아닌 하나님의 요구다. 그러나 그분의 통치는 폭정이 아니다. 왕이신 예수께서는 자기 백성을 보호하고 부요하게 하기 위해 종으로, 목자로, 전사(戰士)로 활동하시기 때문이다. "내 멍에는 쉽고 내 짐은 가벼움이라"(마 11:30).

또 예수께서는 왕의 가족 가운데 맏형이다. 그렇지만 예수 자신도 지상에서는 "남의 수하"(마 8:9)로 사셨다. 그분은 자신이 겪은 것 이상을 우리에게 요구하지 않으신다. 그분의 통치의 본성은 독재가 아니라 목자의 돌봄이다. "나는 선한 목자라 내가 내 양을 알고 양도 나를 안다"(요 10:14).

'위대한 다윗의 더 위대한 후손'이 그 제자들에게 베푸신 가장 근본적인 봉사는 하나님의 약속에 따라 그들을 죄와 사망에서 구원하는 일이다. 따라서 하나님 나라는 죄로 인해 입은 해악을 치료하는 은혜의 영역이다. 하나님의 나라가 어떠한 것인지는 은혜의 복음이 잘 증명해준다.

현재와 미래

어떤 의미에서 하나님 나라는 지금 여기에 있으며, 그리스도인은 그 나라 안에 있다. 그러나 하나님의 은혜가 완전히 드러나는 것이 하나님의 나라라는 의미에서라면, 그 나라는 아직 도래하지 않았고 그리스도의 재림을 기다린다. "나라가 임하시오며"란 바로 그 재림의 날을 기대하는 것이다. 그러나 하나님 나라의 의미는 여기에 한정되지 않는다. 교회를 갱신하고, 죄인을 회심시키며, 악을 막고, 이 세상에 선을 불어넣는 하나님의 은혜로운 주권이 새롭게 드러나기 원하는 모든 요구가 "나라가 임하시오며"라는 간구에서 나올 수 있다. 주님의 기도에서 총체적인 간구가 무엇이냐고 묻는다면 바로 "나라가 임하시오며"라고 답할 수 있다. (그리고 왜 다른 사람을 위해 간청해야 하느냐고 물으면, 주께서 "나라가 임하시오며"라는 기도를 가르쳐주셨기 때문이라고 답할 수 있다.)

개인적인 도전

"나라가 임하시오며"라고 기도하는 데는 희생이 요구된다. "나와 함께 시작하시옵소서. 나를 충실히 순종하는 당신의 백성으로 만들어주시옵소서. 나를 "하나님의 나라를 위하여 함께 역사하는 자들"(골 4:11) 가운데 하나가 되게 해주시옵소서. 기도에 응답하시는 수단으로 나를 사용하여주시옵소서. 하나님 나라를 확장하기 위해 나를 사용해주시옵소서"라고 덧붙여야 하는 기도가 바로 "나라가 임하시오며"라는 기도이기 때문이다. 진실하게 이 기도를 드린다는 것은, 자기를 부인하고 자기 십자가를 지며, 또 복음을 받들기 위해 자기 인생의 몇 가지를 포기하라고 요구하시는 구주께 자신을 전적으로 맡기는 것이다. 우리는 정말로 이것을 구했는가? 이런 기도를 한 적이 있는가? 사람들은 각자 자신을 돌아보아야 한다. 반드시 그렇게 한 후에 주님의 기도로 기도하자.

더 읽을 말씀

- 하나님의 나라: 마태복음 13:1-52

복습과 적용

- "하나님 나라는 장소가 아니라 관계"라는 말에 동의하는가? 동의하는 이유, 혹은 동의하지 않는 이유는 무엇인가?
- 예수께서는 폭군이 아니라고 말할 수 있는가?
- "나라가 임하시오며"라는 기도에 함축된 현대적 의미를 생각해 보라.

7장 뜻이 이루어지이다

주님의 기도에 나타난 모든 단어에는 우리가 마땅히 어떤 삶을 살아야 하는지 보여주는 주님의 시각이 반영되어 있다. 그 마땅한 삶이란 하늘에 계신 우리 아버지의 사랑에 한결같이, 전폭적으로 반응하는 삶을 말한다. 그래서 우리는 날마다 매 순간 하나님의 영광을 구하고, 그분의 돌보심을 신뢰하고, 그분의 말씀에 순종한다. 그러므로 주님의 기도를 이해하고 그 이해를 바탕으로 성실히 기도하려면, 우리는 이런 주님의 시각을 따라야 한다. 그리하여 "이름이 거룩히 여김을 받으시오며, 나라가 임하시오며"라고 기도할 때, 마음속으로는 "내 안에서, 나를 통해"라는 말을 덧붙여 기도하고, 가능하면 하나님의 기도응답의 수단이 되기 위해 자신을 하나님께 새롭게 드려야 한다. "뜻이 이루어지이다"라는 기도는 하나님의 다른 백성과 더불어 자신도 순종을 배우겠다는 의미여야 한다.

기도의 목적이 이보다 더 쉽고 명확히 드러나는 곳도 없다. 기도의 목적은 하나님이 나의 뜻을 이루어주시는 것이 아니라(하나님의 마술로 내 뜻을 이루는 것이 아니고), 내 뜻을 하나님의 뜻에 맞추는 것이다(이것이 바로 참신앙을 실천하는 길이다).

내 뜻이 아니라

"뜻이 이루어지이다"가 우리의 주된 간구가 되어야 한다. 우리의 일상사를 진지하게 들여다보라. 그러면 우리가 하고 싶어하고 이루어지기 바라는 것들이 하나님의 뜻이 아니라 우리의 뜻이라는 것을 알게 된다. 따라서 나를 부인하지 않고는 진심으로 하나님의 뜻이 이루어지기를 바랄 수 없다. 그리고 사탄이 "임금"(요 14:30) 노릇을 하는 이 타락한 세상에서 일상적으로 마주치는 모든 방해에도 불구하고, 언제나 하나님께 충실하기 위해 자신을 바치지 않고서는 이렇게 기도할 수 없다.

루터는 이 기도를 다음과 같이 자세하게 드렸다. "오 성부여, 마귀의 뜻이 아니라 당신의 뜻을, 당신의 거룩한 말씀을 던져버리거나 당신의 나라가 도래하는 것을 방해하는 사람의 뜻이 아닌 당신의 뜻을 이루소서. 우리의 연약한 육체가 나약함이나 게으름에 지거나 무너지지 않게 하시고, 인내해야 할 모든 것에 인내하고 이를 극복하게 하소서." 천사들에게서 하나님의 뜻이 이루어지듯, 땅 위에 있는 우리의 삶 가운데서도 하나님의 뜻이 이루어지도록 하려면 우리는 피나는 노력을 기울여야 한다.

예수께서 겟세마네에서 이 기도를 드리며 의도하신 바가 무엇인지 보라(마 26:42). 성육신하신 주님은 밀려오는 공포에 사로잡혀 있었다. 그러나 그 공포는 육체적인 고통이나 수치를 예상하고 느낀 공포가 아니었다. (강인한 사람들은 바른 목적을 위해서라면 그다지 수선스레 굴지 않더라도 이런 고통과 수치를 견뎌낸다.) 죄를 짊어지고 십자가에서 하나님께 버림받을 것을 예상한 데서 오는 공포였다. 이것이 바로 루터가 "이 사람만큼 죽음을 두려워한 사람은 없었다"라고 말한 이유다. 주님의 전 존재가 공포로 위축되었다. 그런데도 그분의 기도는 여전히 "나의 원대로 마시옵고 아버지의 원대로 하옵소서"였다(마 26:39). 그렇게 기도하기 위해 주님께서 어떤 대가를 치르셨는지 우리는 모른다. 우리 역시 하나님의 뜻을 수용하기 위해 무슨 대가를 치러야 할는지 알 수 없다. 아마 주님의 경우와 같을 것이다.

하나님의 뜻을 수용함

주님의 기도의 "(아버지의) 뜻이 이루어지이다"와 겟세마네에서의 주님의 기도 "아버지의 원대로 하옵소서"에 있는 하나님의 뜻은 어떤 일에 대한 하나님의 목적과 자기 백성에게 주신 하나님의 계명을 가리킨다. 전자와 관련해서, "뜻이 이루어지이다"는 하나님이 무엇을 보내시든 또는 보내시지 않든 그것(거기에 담긴 하나님의 뜻)을 불평하지 않고 수용할 것을 의미한다. 후자와 관련해서는, 해야 하는 모든 것을 하나님이 우리에게 가르치시기를, 그리고 그 계명을 지키려는 마음과 지킬 수 있는 능력 주시기를 요청하는 것이다.

하나님의 뜻을 찾음

하지만 하나님이 우리에게 원하시는 것을 어떻게 알 수 있을까? 하나님의 말씀과 우리의 양심에 주의를 집중하고 상황을 주목함으로써, 우리의 상황 판단력과 통찰력이 적절한지 확인하는 충고를 받음으로써 알 수 있다. 하나님의 뜻과 관련된 문제는 대체로 다른 그리스도인들의 마음에 비추어보면 명확해진다. 자신의 내적 상태도 중요하다. "사람이 하나님의 뜻을 행하려 하면," 예수와 예수의 가르침이 하나님께로부터 왔다는 것을 깨닫게 될 뿐 아니라(요 7:17), 자기가 바른길에서 벗어났는지도 알게 된다. "너희가 오른쪽으로 치우치든지 왼쪽으로 치우치든지 네 뒤에서 말소리가 네 귀에 들려 이르기를 이것이 바른길이니 너희는 이리로 가라 할 것이며"(사 30:21).

하나님께 마음을 열어놓으면, 하나님은 당신에게 다가오셔서 인도해주신다. 그것은 약속이다! 하나님의 뜻이 명확하지 않을 때는 가능하면 기다려라. 반드시 행동해야 한다면, 깊이 생각하여 최선의 결정을 하라. 당신이 옳은 길로 가지 않는다면 하나님이 당신에게 그 사실을 곧 일러주실 것이다.

하나님과 맺은 언약

이 점을 명확히 전달하기 위해 감리교의 '장려 언약예배'(the Superb Covenant Service)에서 발췌한 것으로 마무리 지을까 한다. 하나님은 "예수 그리스도 안에서 선포하신 모든 것"을 우리에게 새 언약으로 약속하셨으며, 우리는 "더 이상 이기적인 삶을 살지 않겠다"고 맹세했음을 상기시킨 후, 인도자는 다음과 같이 기도한다. "오 주 하나님, 그리스도를 통해 우리를 불러 이 은혜로운 언약의 당사자가 되게 하신 거룩한 아버지, 우리는 즐거이 순종의 멍에를 메며, 당신을 사랑하여 당신의 완전한 뜻을 알고 행할 것을 약속합니다."

이 기도가 끝나면 예배에 참석한 모든 이들이 존 웨슬리가 이런 취지하에 1775년 리처드 얼레인(Richard Alleine)이라는 청교도의 글에서 발췌한 글을 읽는다.

나는 더 이상 나의 것이 아니며 당신의 것입니다. 나를 당신이 원하시는 곳에 두시며, 당신이 원하시는 사람들과 있게 하소서. 나로 일하게 하시고 고통 받게 하소서. 고용되고 실직하는 것, 높아지고 낮아지는 것이 모두 당신을 위한 일이 되게 하소서. 배부르거나 굶주리는 것도 당신을 위한 일이 되게 하소서. 당신을 위해 모든 것을 소유하게 하시고, 당신을 위해 아무것도 소유하지 않게 하소서. 나는 이 모든 것을 당신의 기뻐하심과 처분에 기꺼이 맡깁니다. 오, 영화롭고 거룩한 하나님, 성부, 성자, 성령이시여, 이제 당신은 나의 하나님이시며, 나는 당신의 것입니다. 참으로 그러합니다. 내가 땅에서 맺은 언약을 하늘에서 인정해주시기를 원합니다. 아멘.

더 읽을 말씀

- 하나님의 뜻: 사도행전 20:16-21:14

복습과 적용

- 기도의 참목적은 무엇인가? 그것이 당신이 기도하는 이유인가?
- 기도는 자신을 부정하는 것과 어떤 관계가 있는가?
- 우리 삶을 향한 하나님의 뜻을 발견하는 데 관련된 문제에는 어떤 것들이 있는가? 그 문제를 어떻게 다루어야 하는가?

8장 하늘에서 이루어진 것과 같이 땅에서도

주님의 기도에는 세 가지 교리적 진술이 결합되어 있다. 처음 두 가지는 하나님을 부르는 말에서 나타난다. 하나님은 그리스도인들의 아버지이며, 하늘에 계신다는 것이다. 세 번째 진술은 처음 세 가지 간구를 마무리하는 의미의, 하나님의 뜻이 하늘에서 이루어진다는 것이다. 첫 번째 진술은 십자가를 통해 우리를 구원하시고 우리를 하나님의 가족 안에 입양하신 하나님의 은총을 선포한다. 두 번째와 세 번째 진술은 자기 뜻을 성취하시는 하나님의 위대하심과 권능을 선포한다. 이 세 가지 진술은 모두 그리스도인의 소망을 분명히 보여준다. 하나님은 우리의 아버지로서 영원히 우리를 사랑하고 이롭게 하시겠다고 맹세하셨다.

하늘

하늘에서 다스리시는 창조주로서, 이곳 땅의 시간과 공간에 구애받지 않으시는 하나님은 자기 의도를 완전히 성취하신다. 당신과 나는 아무리 간단한 일이라도 실패할 수 있지만, 하나님은 아무리 어려운 일이라도 그 일을 성취하신다. 그것이 하나님의 영광이다.

> 하나님은 하나님의 자비하심으로 시작하신 일을
> 하나님의 강한 팔로 성취하신다.
> 하나님의 약속은 '예'요, '아멘'이며
> 아직 한 번도 식언(食言)한 적이 없으시다.
> 장래 일이나 현재 일이나
> 위의 것이나 아래 것이나
> 아무것도 하나님의 뜻에 앞설 수는 없다.

그러나 예수께서 하나님의 뜻이 "하늘에서 이루어진 것같이"라고 말씀하실 때, 예수께서는 우리 아버지의 초월성을 생각하기보다는 피조물이지만 총명하여 하나님께 더 가까이 살고(우리가 이 세상에서 즐길 수 있는 것보다 하늘에서 하나님을 더욱더 즐길 수 있다는 의미에서), 전심으로 하나님을 섬기는 공동체를 염두에 두셨다. 이것이 그리스도인들이 죽을 때 '가는' 가장 일반적인 의미의 '하늘'(한국식 표현은 '천당'-옮긴이)이다.

이런 의미의 하늘은 현재의 삶과 비교할 수 없을 만큼 중요하다. 현세의 삶은 일시적이고 하늘의 삶이 영원하기 때문만도 아니다. 현세에서 누릴 어떤 관계도 장차 누리게 될 관계처럼 완벽하고 즐거울 수는 없기 때문이다. 성삼위가 궁극적 실재라는 사실에서 현대 심리학자들의 통찰력에서와 마찬가지로 우리는 '관계'가 단순한 '자의식'과는 구별되는 '진정한 삶'이라는 것을 배운다. 그 관계는 하늘에 있는 모든 것, 곧 성부와 성자와 성도들이 함께하는 관계를 말한다. 신약에서 하늘을 '성'(city, 계 21장)으로, '혼인잔치'(마 8:11; 눅 22:29 이하; 계 19:9)로, '예배하는 회중'(히 12:22-24; 계 7:9-17 참조)으로 표현한 것은 우연이 아니다. 우리는 이 표현에서 하늘(천당)이 일체감(함께함)의 경험을 나타낸다는 것을 알 수 있다. 그것이 하나님과의 일체감이든, 믿음의 형제간에 느끼는 일체감이든 지금까지 알았던 그 어떤 경험보다 더 친근하고 즐거운 경험이라는 것을 알게 된다.

C. S. 루이스는 「천국과 지옥의 이혼」(*The Great Divorce*, 홍성사 역간)이라는 책에서, 지옥을 사람들이 가능한 한 서로 멀리 떨어

지려고 애쓰는, '흩어지는 나라'로 상상하여 묘사한다! (사르트르는 「출구는 없다」[No Exit]에서 지옥을 끔찍한 행동을 저지르는 사람들이 아무리 멀어지려고 해도 멀어질 수 없는 곳이라고 묘사했다.) 그러나 하늘에서 성도들은 성부와 성자와 더불어 친밀히 교제하며 기뻐할 것이다.

성경은 하늘의 삶이 지상의 삶보다 모든 점에서 더 좋고 영화롭다고 강조한다. 그러나 우리가 그곳이 어떤 곳인지 물으면 성경은 우리에게 이렇게 대답한다. "볼 날을 기다려라(롬 8:24 참조). 그것은 현재 경험을 훨씬 뛰어넘기 때문에 상상조차 할 수 없다."

하늘은 시간과 공간에 매이지 않으며, 우리의 육체적 본성이 끈질기게 붙어 있는 이 세상에 있지도 않고, 이 세상에 의해 한정될 수도 없다. 다만 하늘에 거주하는 자들('하나님을 섬기는 영혼'인 천사들과 '완전하게 된 인간 영혼들')에게 하늘은, 하나님과 그리고 하나님께 속한 이들이 누리는 완벽한 사귐과 거기에 완전히 만족하는 상태라는 것이 우리가 확신할 수 있는 전부다. 이것이 황금도성과 큰 잔치로 묘사하며 성경이 전하려고 했던 심오한 진리이다.

그러나 완전한 사귐을 위해서는 하나님 편에서만 일방적으로 무한정 베풀어서도 안 된다. 천사가 되었든 인간이 되었든 그분을 섬기는 자들도 주저 없이 하나님께 반응해야 한다. 하나님의 뜻은 이런 자들 안에서, 이런 자들을 통해 충만히 이루어진다. 그러므로 하늘을 정의하는 데는 하나님의 뜻을 실행하는 것이 포함된다. 그리고 하나님의 뜻을 실행할 능력이 충만한 자들에게 하나님이 하늘의 영광을 입혀주신다.

찬양

왜 예수께서는 "땅에서도 이루어지이다"에 앞서 "뜻이 하늘에서 이루어진 것같이"라고 하셨을까? 두 가지 이유가 있다.

첫째, 예수께서는 이렇게 기도하심으로써 소망을 불러일으키고 싶어하셨다. 땅의 혼돈은 하나님께 드리는 우리의 기원을 비웃기라도 하는 듯하다. 그러나 예수께서는 하나님이 이미 하늘에서 자기 뜻을 완전히 이루셨다는 것을 우리에게 상기시킴으로써, 땅에서도 이루어지기를 소망하게 하신다. "여호와께 능하지 못한 일이 있겠느냐"(창 18:14).

예수께서 이렇게 기도하라고 하신 두 번째 목적은 찬양을 일깨우기 위해서다. 기도를 토해내는 동안 찬양으로 힘을 돋운다. 예수께서는 하나님께 올려드리는 힘겨운 두 가지 간구("나라가 임하시오며"와

"[뜻이] 땅에서도 이루어지이다") 사이에 "뜻이 하늘에서 이루어진 것같이"라고 말씀하셨다. 다시 말하면 "아버지, 하늘에서 당신의 뜻이 이미 이루어졌습니다! 할렐루야!"라는 내용으로, 잠깐 숨을 돌리며 찬양할 수 있도록 하신 것이다. 이것은 영혼의 청량제와 같아서 간청할 힘을 다시금 회복시킨다. 여기에서 예수께서는 찬양은 기도에 힘을 주고 기도를 회복시킨다는 값진 교훈을 주신다. 그분의 말씀대로 하라!

더 읽을 말씀

땅과 하늘: 히브리서 12장

복습과 적용

- 하나님이 시간과 공간에 제약을 받지 않는다는 말은 무슨 의미인가?
- 하나님과의 완벽한 교제에 필요한 요소는 무엇인가?
- "우리가 하나님께 기도하기 어려울 때에 찬양이 기도를 회복시켜준다"는 말은 무슨 의미인가?

9장 우리에게 일용할 양식을 주소서

하나님의 이름, 나라, 뜻에 초점을 맞춘 다음에는 우리의 양식에 주의를 돌린다. 이것으로 기도가 내리막길로 접어든 것인가? 전혀 그렇지 않다. 오히려 진행되어 나간다. 그렇게 보는 이유는 이렇다.

첫째, 하나님께 처음 세 가지 간구를 진실하게 올려드린 사람들은 전적으로 하나님을 위해 사는 삶에 자신을 헌신한다. 그런 다음에는 논리적이며 당연한 결과로서 이런 삶을 사는 데 필요한 양식을 구하게 된다. 위장의 요구에 너무 민감하다는 비판에 대해 존슨 박사는 위장의 요구를 무시하는 사람은 아무것에도 관심을 쏟지 않는 상태에 빠지고 만다고 대답했다. 기독교 현실주의? 그렇다. 바로 그것이다.

둘째, 사실 우리는 한순간도 우리 아버지 창조주에게 의존하지 않을 때가 없다. 그분은 우리와 우주의 모든 것을 존재하게 하시며, 자연의 일정한 작용으로 심고 거두는 일이 가능하도록 하시며, 우리가 상점에서 필요한 식량을 구할 수 있게 하신다(창 8:22 참조). 기도할 때 창조주께 의지하지 않을 수 없는 우리의 의존성을 규칙적으로 시인하는 것은 옳은 일이다. 자연이 스스로 유지된다고 생각하기 때문에 하나님의 실재를 인식하지 못하고 있는 지금 우리 시대에는 특히나 그렇다.

어떤 사람들은 필요한 물질을 구하는 간구를 저급한 기도로 여긴다. 하나님이 인생의 물질적 측면에 관심이 없으시기 때문에, 우리도 거기에 관심을 두지 말아야 한다는 태도다. 그러나 그런 과도한 영성은 실제로 영적이지 못한 자아의 활동일 뿐이다. 바울은 골로새서 2장 23절에서, 자의적인 금욕주의는 육체(죄의 본성)를 좇는 일을 금하지 못한다고 경고한다. 인간에게 필요한 모든 것을 공급해주시는 유일하고 전능한 하나님, 그 하나님께 간구하는 것은 옳은 일이다. 하나님 없이 생존할 수 없다는 생각이 우리를 겸손하게 하는 것처럼, 우리의 생존이 하나님께 달려 있음을 인정하는 태도는 하나님을 영화롭게 한다. 일용할 양식을 구하는 기도가 죄사함을 위한 기도만큼이나 필요하며 중요하다는 것을 이해할 수 없다면, 우리의 마음이나 정신은 올바른 상태라고 할 수 없다.

셋째, 예수께서 4천 명, 또 5천 명이나 되는 사람을 먹이신 일에서 알 수 있듯이, 하나님은 자신을 섬기는 자들에게 양식이 있어야 함을 염두에 두고 계셨다. 하나님은 영적인 것만큼 물질적인 필요에도 관심을 기울이신다. 하나님은 인간에게 필요한 모든 것에 관심을 기울이신다.

몸

물질의 필요를 구하는 간구를 통해 우리는 우리 몸을 어떻게 대해야 할지 알 수 있다. 몸을 대하는 그리스도인의 태도는 어떠해야 하는가? 현대의 이교도들처럼 건강과 미(美)를 목적으로 몸을 신성시하거나 고대의 이교도들이나 한때 일부 그리스도인들이 그랬던 것처럼 아예 몸을 무시하거나 꾀죄죄한 것을 미덕으로 삼는 것도 아니다. 우리는 자신의 몸을 하나님의 선한 창조의 일부로 인정하며, 그 몸의 선한 청지기로서 감사하며, 몸을 즐거워해야 한다. 그렇게 즐거워한다는 것은 영적이지 못한 것이 아니라 몸을 만드신 분을 공경하는 태도다. 그리스도의 제자들에게 몸이란 주님이 값없이 주신 구원의 선물과도 같은 것이다.

성경은 엄격한 금욕주의를 반대한다. 성경의 입장은 건강, 식욕, 민첩성, 결혼 등을 받은 대로 즐길 뿐 아니라, 그것을 기뻐해야 한다는 것이다. 몸을 기뻐하는 것은 우리의 의무이자 하나님을 섬기는 방법의 하나다. C. S. 루이스의 「스크루테이프의 편지」(The Screwtape Letters)에서 스크루테이프(마귀)가 (역겨워하며) "그는 내심으로는 쾌락주의자야"라고 말했을 때, 그는 사실 몸을 기뻐하는 사람이었으며 그가 누린 쾌락이란 바로 이런 기쁨이었다. 한 랍비는 이렇게 가르쳤다. "하나님은 우리에게 기쁨을 주셨건만, 우리는 그것을 무시한다."

심판 날 하나님은 이 점에 대해 우리를 책망하실 것이다. 우리는 자신의 몸을 즐거워하는 방법을 알고 있는 걸까? 이것이 하나님께 영광을 돌리는 일임을 알고 있을까?

물질적 필요

일용할 양식을 위해 기도해야 한다는 사실에 주목하라. 여기에는 자신을 위해 기도하는 일은 물론 다른 그리스도인을 위해 간구하는 일도 포함된다. '양식'이란 모든 생필품과 생존 수단을 망라하며, 따라서 이 기도는 농부를 위하고, 기근을 반대하는 기도가 된다. 또한 옷과 피신처, 육신의 건강을 구하는 기도이자 사회적 혜택, 의료 혜택을 간구하는 기도가 되는 것이다. 또 돈과 돈을 벌 힘을 주시기를 간구하는 기도이자 가난과 실직에 대한 탄원이며, 가난과 실직의 원인이 되는 문제, 가난과 실직을 방관하는 국가 정책에 대한 탄원이 된다. 국민의 복지를 늘 염두에 두어야 한다는 점에 비추어본다면 통치자들은 마땅히 문장(紋章)에 사자가 아니라 빵을 새겨 넣어야 한다고 루터는 생각했다. 또 루터는 주님의 기도에서 국가의 통치자를 위한 기도를 넣기에 가장 적절한 곳이 바로 이 일용할 양식을 구하는 구절 다음이라고 역설한 바 있다.

일용할

J. B. 필립스(J. B. Phillips, 부연적 성경 번역으로 유명하다-옮긴이)는 이 구절을 "오늘 우리에게 필요한 양식을 주십시오"(Give us this day the bread we need)로 표현했다. 하나님이 이스라엘 민족에게 그날 필요한 만나를 그날 거두라고 말씀하셨듯이, 지금 우리도 그날 필요한 양식을 그렇게 구하라고 말씀하신다. 그리스도인의 삶은 하루하루 끊임없이 하나님께 의지하는 삶이다. 우리는 우리에게 필요한 양식, 즉 없어도 살 수 있는 사치품이 아닌 생활필수품을 구해야 한다. 탐욕은 정당화될 수 없다! 따라서 우

리는 우리가 구했지만 실제로는 전혀 필요 없기 때문에 하나님이 섭리로 주지 않으신 일을 그분의 응답으로 받아들일 준비가 되어 있어야 한다.

이제 진짜 믿음의 시험에 직면할 때다. 그리스도인인 당신은 오늘의 양식을 위해 기도하며 당신이 받은 것을 많든 적든 하나님의 응답으로 믿겠는가? (마태복음 6장 33절의 약속에 따라) 그런 믿음을 가지고 만족하며 감사할 것인가? 이제 당신이 대답할 차례다.

- 하나님이 공급해주신다: 시편 104편, 마태복음 6:19-34

- 하나님은 영적인 필요만큼이나 물질적 필요에 대해서도 관심이 있으시다는 것에 동의하는가? 그 이유는 무엇인가? 동의하지 않는 이유는 무엇인가?
- 선한 청지기로서, 우리는 자기 몸에 대해 어떤 태도를 취해야 하는가?

- 왜, 어떤 의미에서, 그리스도인은 그날 필요한 것을 그날 구하며 살아가야 하는가?

10장 우리 죄를 사하여 주소서

그리스도인은 죄사함을 받고 살아간다. 이것은 믿음으로 말미암는 칭의와 전적으로 연관되어 있다. 하나님의 아들이 우리 죄의 형벌을 대신 감당하지 않으셨다면, 하나님과 우리 사이에는 어떠한 삶이나 소망도 없었을 것이다. 그러나 그리스도인들은 여전히 죄를 짓기 때문에 날마다 죄사함이 필요하다. 그러므로 주님의 기도 두 번째 단락에서 물질의 공급과 영혼의 보호를 구하는 간구 사이에 죄사함을 구하는 간구가 나온다. 그러나 예수의 기도에서는 자신의 죄사함을 구하는 간구를 전혀 찾아볼 수 없다. 예수께서는 자신에게 죄가 없음을 아셨기 때문이다(요 8:46 참조). 주님의 기도에서 사죄를 위한 기도는 우리를 위한 기도다.

빚

그리스도인은 자신의 죄를 어떻게 생각해야 하는가? 성경은 죄를 율법 위반, 탈선, 결점, 배신, 불결, 목적 상실 등으로 묘사하는데, 이것은 모두 하나님과 관련되어 있다. 그러나 주님의 기도로 알 수 있는 죄에 대한 특별한 시각이 있다. 그것은 죄를 '지불하지 않은 빚'(debts)이라고 생각한다는 것이다. 영어 성경 RSV는 마태복음 6장 12절의 "우리가 우리에게 죄 지은 자를 사하여 준 것같이, 우리 죄를 사하여 주시옵고"에서 죄를 'debts'로 번역한다(누가복음 11:4과 마태복음 18:23 이하의 두 빚진 자의 비유도 참조하라). 반면 누가복음 11장 4절에서는 죄를 'debts'가 아닌 'trespasses'(침해)로 번역하면서 불행하게도 이 점을 놓치고 있다. 예수께서는 우리가 하나님께 완전히 충성할 의무가 있음을 고지한다. 즉, 예수처럼 날마다 하나님과 사람들을 열렬히 사랑할 의무가 있으며, 이런 의무를 이행하지 않은 빚이 바로 우리의 죄라고 말씀하셨다.

영국국교회 기도서는 우리의 태만죄를 고백하고 있다("우리는 마땅히 해야 할 것들을 하지 않고 내버려두었습니다"). 그리스도인은 자신을 점검할 때, 제일 먼저 자신이 하지 않아 지은 죄가 무엇인지 살펴보아야 한다. 그러면 우리가 저지른 가장 비통한 죄란 선을 행하지 않은 채 내버려둔 것임을 알게 된다. 대주교 어셔(Usher)는 죽어가면서 "주님, 무엇보다도 저의 태만죄를 사하여 주옵소서"라고 기도했다. 그의 기도는 그가 영적 현실에 대해 가진 참다운 인식을 보여준다.

죄를 범하는 자녀들

여기에서 의문이 하나 생긴다. 그리스도의 죽음이 과거, 현재, 미래의 모든 죄를 대속했다면, 그리고 믿는 자들을 의롭다("예수 때문에 나는 너를 의로운 자로 인정한다") 하신 하나님의 평결이 영원히 유효하다면, 도대체 왜 날마다 하나님께 죄를 고백해야 하는가? 그 답은 심판자 하나님과 아버지 하나님, 의롭다고 인정된 죄인과 양자 사이의 차이에 있다. 주기도문은 입양된 하나님의 자녀들이 아버지 하나님께 드리는 가족의 기도다. 물론 그 자녀들이 날마다 저지르는 잘못이 의롭다 함을 무효화하지는 못한다. 그렇지만 그들이 아버지께 "죄송합니다"라고 말씀드리고, 슬프게 해드린 점에 대해 용서를 빌지 않는다면 아버지와 자녀 사이가 원만할 수는 없을 것이다. 그리스도인이 돌아온 탕자로 매번 하나님 앞에 나아오지 않는다면, 그 기도는 예수의 비유에 나오는 바리새인의 기도처럼 하나님과 아무런 관계가 없는 기도가 될 것이다.

견딜 수 없는 것

여기에서 한 가지 교훈을 얻을 수 있다. 그리스도인은 기꺼이 스스로를 돌아보고, 다른 사람들을 통해 그날그날의 잘못을 점검해야 한다. 청교도들은 양심을 '찢는' 설교자들을 높이 평가했다. 특히나 오늘날에는 그런 설교가 더 많이 필요하다. 자신을 점검하는 훈련으로 혹 자존심에 상처를 입는 일이 생길 수도 있을 것이다. 그러나 인간의 부모가 그런 것처럼 하늘에 계신 거룩한 우리 아버지께서는 자녀들을 위해 그들의 잘못을 눈감아주시지 않는다. 그 점을 생각한다면 이 훈련은 반드시 필요하다. 따라서 우리가 저지른 잘못이 무엇이든지 참회하고 용서를 구하기 위해서는, 하나님이 우리 죄에 대해 아시는 대로 우리도 알 필요가 있다.

그리스도인은 죄를 멀리할 가장 분명한 이유(그리스도 안에서 하나님의 사랑)와 함께 죄를 멀리할 수 있는 가장 큰 자원(내주하시는 성령)을 가지고 있다. 이런 견지에서 본다면, 그리스도인의 범죄는 하나님과의 모든 관계에 많은 해를 끼친다. 그리스도 안에서 모든 죄가 용서되었기 때문에, 구태여 하나님의 법을 지킬 필요가 없다고 생각하는 사람들은 심각하게 오해하는 것이다(로마서 6장을 보라). 이웃집 여자가 바람피우는 것보다 자기 아내가 바람피우는 것이 훨씬 화나는 일인 것처럼, 하나님도 자기 백성이 신실하지 않을 때 가장 노여워하신다(호세아서의 예언을 보라. 특히 1-3장). "하나님의 뜻은 이것이니 너희의 거룩함이라"(살전 4:3).

1662년 영국국교회 기도서의 성찬식사(聖餐式辭)는 그리스도인들에게 자기 죄의 '짐'(죄의식)을 "견딜 수 없는 것"이라고 가르친다. 이 말은 하나님의 가족의 죄가 하나님께 견딜 수 없는 슬픔을 안겨드린다는 것을 표현한 말이다. 우리는 이 점에 얼마나 민감한가? 그리고 하나님의 자녀로서 가능한 한 죄를 짓지 말아야 한다는 데에 얼마나 많은 관심이 있는가? 참그리스도인은 자기 성찰을 통해 자기 죄를 찾아내어 그것에 직면할 뿐 아니라 "영으로써 몸의 행실(죄에 물든 옛 자아의 본성)을 죽이기 위해" 평생 애써야 한다(롬 8:13).

용서하는 자만이 용서받는다

하나님의 용서를 바라는 사람이라면 예수께서 주님의 기도에서 말씀하셨듯이, 하나님께 자기에게 빚진 자들을 용서했다고 말할 수 있어야 한다. 이것은 우리의 공로로 죄사함을 얻는 문제가 아닌 회개에 의해 죄사함의 자격을 갖추는 문제다. 회개는 자비와 너그러움이 중심이 되는 새로운 삶의 방식이다. 하나님의 용서하심으로 살아가는 사람은 하나님의 용서하심을 본받아야 한다. 하나님이 자기 잘못을 추궁하지 않기 바라는 그 사람은 다른 사람이 자기에게 지은 잘못을 추궁할 권리도 포기한다. 대접받고자 하는 대로 남을 대접하라는 말씀이 여기에 해당하는 원칙이다. 용서하지 않는 그리스도인이란 스스로 위선자임을 시인하는 것과 같다. 죄사함은 공로가 아니라 오직 그리스도를 믿는 믿음에 의해 얻는 것이다. 하지만 믿음의 열매는 회개이다. 회개보다 더 실제적인 믿음의 고백은 없다. 예수께서는 마태복음 6장 14절 이하와 18장 35절에서 용서하는 사람만이 용서받을 것이라고 역설했다.

그렇다면 다시 문제가 생긴다. 내가 주님의 기도로 기도할 수 있을까? 당신은 어떤가? 우리는 모두 다음의 시를 자신의 기도로 삼는 것이 좋을 것이다.

"우리가 우리에게 죄 지은 자를 사하여준 것같이 우리 죄를 사하여주옵소서."

주님, 당신은 우리에게 이렇게 기도하라고 가르치셨습니다.

기도하는 대로 살 수 있도록,

우리에게 은혜를 주실 분은 당신뿐입니다.

다른 이의 잘못을 되새기고,

이전의 상처를 담아두면서,

용서하지 못하는 사람이

어떻게 당신의 용서를 받을 수 있겠습니까?

타는 불빛 속에서 당신의 십자가는 드러납니다.

우리가 희미하게 알았던 진리를,

사람들이 우리에게 진 빚이 얼마나 작은지를,

당신에게 진 우리의 빚이 얼마나 큰지를.

주님, 우리 영혼 깊숙한 곳에 있는 것들을 씻어주소서.

분노를 멈추라고 명하소서.

그러면 하나님과 화해한

우리의 삶은 당신의 평안을 널리 전할 것입니다.

더 읽을 말씀

- 죄사함을 구함: 시편 51편
- 죄사함을 위한 자격: 마태복음 18:23-35

복습과 적용

- 주기도문은 죄를 어떻게 정의하는가? 이렇게 정의한 죄는 우리 일상생활에서 어떻게 인식되는가?
- 그리스도인이 된 뒤에도 왜 날마다 죄를 고백해야 하는가?
- 타인을 용서하지 않는 그리스도인이 있다면 그를 위선자라고 부르는 것이 마땅하다. 왜 그런가?

11장 시험에 들게 하지 마소서

양식과 죄사함을 구하는 기도 다음으로, 우리의 세 번째 근본적인 필요가 되는 '보호를 구하는 기도'가 나온다. 이 기도는 두 개의 절로 이루어져 있다. "우리를 시험에 들게 하지 마시옵고, 다만 악(죄나 문제, 또는 그 둘 다, 또는 죄에 빠지게 하는 '그 악한 존재')에서 구하시옵소서."

그러나 이 두 절은 모두 한 가지 생각을 나타낸다. 즉, "삶은 영적 지뢰밭이며, 그 위험 한가운데 있는 우리는 감히 자신을 의지하지 않으오니, 아버지여, 우리를 안전히 지키소서"라고 기도하는 것이다. 여기에서 주님의 기도는 시편 전체에 흐르는 인생관과 연결된다. 보호를 구하는 기도에 담긴 현실 인식과 자기 불신, 하나님을 겸손히 의지함은 우리 모두 배워야 한다.

시험

"시험에 들게 하지 마시옵고"라는 절에서 보듯, 하나님이 그리스도인을 시험에 들게 할 수 있다는 생각은 많은 사람을 놀랍고 당황스럽게 한다. 그러나 여기에서 시험이 의미하는 것을 바로 이해한다면 사정은 달라진다. 이 단어는, 당신이 잘못된 길로 빠지지 않고 바른길을 따라 얼마나 잘 갈 수 있는지 알 수 있는 '시험', 곧 '테스트'(test)의 의미를 담고 있다. 각각의 상황에서 자동차를 잘 조작할 수 있는지 측정하기 위해 고안해낸 운전면허 시험이 바로 이런 의미의 시험이다. 모든 교육이나 훈련 프로그램에는 진척 정도를 알아보기 위한 정기적인 시험코스를 반드시 마련해두어야 한다. 그런 시험을 치르고 통과하는 경험은 훈련생에게 많은 격려가 된다.

그리스도인의 영적 교육과 성장을 위한 하나님의 프로그램에도 이 점이 적용된다. 하나님은 우리가 속에 무엇을 지니고 있는지, 또 얼마나 많이 진전되었는지 입증하시기 위해 규칙적으로 우리를 시험하신다. 또 그렇게 하시는 것이 당연하다. 이 시험의 목적은 단연 건설적이며, 이후 우리가 더욱 강건해지도록 돕는다. 하나님은 아브라함에게 이삭을 희생 제물로 바치라고 말씀하고 그를 시험하셨다. 그리고 아브라함이 하나님의 말씀을

"준행"하였으므로(창 22:18), 그 시험 이후 하나님은 그에게 큰 복을 약속하셨다.

시험은 소풍이 아니다

그렇게 시험이 유익하다면, 우리는 왜 시험을 면하게 해달라고 간구해야 하는가? 바로 다음 세 가지 이유 때문이다.

첫째, 하나님이 우리를 이롭게 하기 위해 시험하실 때마다 '유혹하는 자'(the tempter) 사탄은 그 상황을 이용하여 우리를 파멸의 길로 떨어뜨리려고 한다. "근신하라 깨어라 너희 대적 마귀가 우는 사자같이 두루 다니며 삼킬 자를 찾나니"(벧전 5:8).

예수께서는 자신의 광야 경험에서 사탄이 얼마나 비열하고 교활한지 아셨고, 그래서 아무도 그를 과소평가하거나 그와 대면하지 않기 바라셨다. (현대의 강신술사들은 이 점을 명심하는 것이 좋을 것이다.)

둘째, 시험을 받을 때 느끼는 압박감이란 우리가 상상할 수 없을 정도로 대단하다. 정신이 온전한 그리스도인이라도, 암에 걸린다는 생각을 하면 마음이 위축되듯이 말이다. 이 두 가지 이유로 해서 예수께서는 겟세마네 동산에서 "이 잔을 내게서 지나가게 하옵소서"라는 말로 기도를 시작하셨는지 모른다. 그러나 예수께서는 "나의 원대로 마시옵고 아버지의 원대로 하옵소서"라고 기도를 마치셨다(마 26:39 참조). 시험은 한가로운 소풍이 아니다!

셋째, 우리는 우리의 약점과 어리석음에 대해 잘 안다. 영적인 일에 전반적으로 나약하다는 것도 잘 알고 있다. 사탄 역시 그리스도인의 고결함을 정면에서 공격해야 할지, 매복과 침투 등 복합적인 전술을 활용해가며 우리의 약점과 단점을 공격해야 할지 안다. 그래서 한 가지 위험을 피하다가 다른 위험에 희생되는 수가 많다. 그러므로 우리는 우리 자신을 믿지 않으며 겸손히 이렇게 기도할 수밖에 없다. "주님, 할 수만 있으면 제발 시험에 들게 하지 마소서! 시험에 져서 나를 상하게 하고 당신의 명예를 실추시키는 일은 하고 싶지 않습니다!"

시험이 우리의 몫이기는 해도 바보가 아닌 다음에야 시험을 좋아할 사람은 없다. 바울이 영적으로 무모한 이들에게 한 훈계에 귀를 기울이도록 하라. "그런즉 선 줄로 생각하는 자는 넘어질까 조심하라"(고전 10:12).

깨어 기도하라

예수께서는 겟세마네에서 잠들어 있는 제자들에게 이렇게 말씀하셨다. "시험에 들지 않게[시험에 굴복하지 않게] 깨어 기도하라 마음에는 원이로되[하나님의 뜻을 행하기 원하되] 육신[인간 본성]이 약하도다"(마 26:41).

예수께서 이렇게 꾸짖으신 것도 방금 경험한 자신과의 투쟁 때문이었다. 그 싸움에서 갈보리의 고난을 예상한 예수의 육신은 격렬히 뒷걸음질쳤다. 그런데 피곤하더라도 깨어서 자신과 함께 기도하며 자신을 도우라고 당부한 제자들은 그새 잠이 들어 있었다. 우리는 "시험에 들게 하지 마시옵고"라는 간구가, 우리도 모르는 새 시험에 들지 않기 위해 "깨어 기도하라"는 뜻이라는 것에 감사해야 한다.

'깨어서'는 적의 공격을 조기에 발견하려는 경계병을 연상시킨다. 유혹에 노출되어 있는 모든 상황이나 동료, 영향에 주목하거나 이를 피함으로써 깨어 있을 수 있다. 루터가 말한 것처럼 당신은 새가 머리 위로 날아가는 것을 막을 수는 없지만, 새가 당신의 머리에 둥지를 트는 것은 막을 수 있다. 당신의 불덩이가 무엇인지 알아내라. 그리고 그 불덩이를 가지고 놀지 말라!

"기도하라"는 것은 예수께서 하신 것과 같은 기도를 하라는 말이다. 내적 갈등과 유혹에도 불구하고, 영적인 장벽에도 불구하고, 자기가 아는 바 옳은 것을 행할 힘을 구하는 기도를 하라는 말이다.

이 점에 대해 찰스 웨슬리는 아주 정확한 표현을 하고 있다. 그는 "예수, 나의 힘, 나의 소망, 당신께 내 걱정을 맡깁니다"로 시작하는 찬송가에서 이렇게 표현했다.

나는 경건한 두려움과
빨리 식별하는 눈을 원합니다.
죄가 가까이 있을 때 그 눈으로 당신을 바라보고
유혹하는 자가 날아오는 것을 지켜볼 것입니다.
영혼은 경계하는 눈빛으로
준비하고 무장했습니다.
영원히 망대에 서서
깨어 지켜보며 기도합니다.

결론은 이렇다. 우리는 여러 가지 시험을 만난다. 그리스도인의 성장과 관련하여 옳고 또 필요하기 때문이다(약 1:2-12 참조). 모든 시험을 면할 수는 없다(고전 10:13 참조). 그러나 시험에 들지 않기를 구하고, 상황을 악용하여 우리를 타락시키려는 사탄의 시도에 대항해서 깨어 기도한다면, 우리는 우리가 받을 시험보다 적게 받으며(계 3:10 참조), 시험이 닥쳐와도 대처할 수 있게 될 것이다(고전 10:13).

아무 대비도 없이 시험을 외면만 하지도 말고, 일부러 시험에 들 만큼 무모하지도 말라. 다만 시험이 오더라도 악에서 구하시고 "넘어지지 않게 지켜주시는"(유 24절, 새번역) 하나님의 능력을 의심하지 말라. 시험을 의식하지 않을 때는 "시험에 들게 하지 마시옵소서"라고 기도하라. 또 시험을 의식할 때는 "악에서 구하시옵소서"라고 기도하라. 그러면 살리라.

더 읽을 말씀

- 하와의 시험: 창세기 3:1-7
- 아브라함의 시험: 창세기 22:1-19
- 예수의 시험: 누가복음 4:1-15

복습과 적용

- '시험'(temptation)이란 무엇인가?
- 우리를 테스트하시는 하나님의 뜻은 무엇인가? 그런 테스트에 당신은 어떻게 반응하는가?
- 왜 우리는 시험에 들지 않게 해달라고 기도해야 하는가?

12장 우리를 구하소서

주님의 기도에는 하나님의 자녀가 삶을 바라보는 세 가지 차원의 시각이 드러난다. 그것은 헌신하는 삶, 의지하는 삶, 위험한 삶이다. "악에서 [우리를] 구하시옵소서"라는 기도는 위험에 직면하여 보호를 구하는 기도이다. 이 위험은 그리스도를 믿는 자들을 끊임없이 위협하며 신약 전체에 나타난다.

위험

안락한 삶을 살 때는 자신이 위험에 처했다고 생각하지 않는다. 그러나 우리는 위험에 처해 있으므로 마땅히 그렇게 생각해야 한다. 영국국교회 기도서는 우리에게 다시 한번 깊이 통찰할 기회를 준다. 영국국교회 기도서의 연도(Litany, 목회자가 읊은 기도를 신도들도 따라 읊는 형식의 기도-옮긴이)에는 "악에서 구하시옵소서"라는 기도를 다섯 개의 자세한 간구로 세분화했는데, 거기서 구체적으로 밝히고 있는 죄는 이런 것들이다.

"(1) 죄로부터, 마귀의 술책과 공격으로부터… (2) 마음의 눈멀음으로부터, 자만, 허영, 위선으로부터, 질투, 증오, 악의, 무자비로부터… (3) 우상숭배를 비롯한 모든 치명적인 죄로부터, 세상, 육체, 마귀의 모든 기만으로부터… (4) 갑작스러운(뜻밖의, 준비되지 않은) 죽음으로부터… (5) 완고함과 하나님 당신의 말씀과 계명을 경멸하는 죄로부터, 우리를 구하소서. 선하신 주여."

이제 우리는 우리의 심각한 죄가 무엇인지, 그리고 그 죄가 어디에서 비롯되는지 안다. 우리에게는 나쁜 상황에서 우리를 구하는 일만이 아니라 그 상황이 좋든지 나쁘든지 간에 그 상황을 우리를 공격하기 위한 발판으로 삼는 우리 내면의 영적 악에서 구하는 일도 필요하다. 마음의 죄는 하나님의 뜻 이외의 것을 하고, 하나님 이외의 존재를 사랑하려는 경향을 만들어내기 때문에 위험의 근원이 된다. 그러므로 우리는 언제 어디에서나 우리 내면의 죄 때문에 그릇된 길로 나갈 위험성이 있다.

기만

다시 한번 영국국교회 기도서에서 인용한 내용을 보라. 그 인용문에 기록된 모든 악은 타락한 인간의 마음에서 자발적으로 나오는 것이다. 사탄은 그 악들을 어떤 순서로 연주할지 결정하는 지휘자라고 볼 수 있다. 그는 그 악을 우리에게 불어넣을 필요가 없다. 우리 안에 이미 들어 있기 때문이다. 죄는 대부분 기만에 의해 이루어진다. "눈멀음, 기만, 완고함"은 죄의 방편을 나타내는 중요한 말이다. "자만, 위선, 무자비함" 역시 죄에 해당하는 말이다. 그러나 자만과 무자비함은 하나님, 하나님의 진리, 하나님의 교회를 향한 열성으로 변장하며, 기타 도덕적·영적인 악 역시 우리가 다른 곳으로 주의를 돌리고 있는 동안 몰래 침투한다. 청교도들은 이것을 가리켜 '스스로 속는 신비'라고 불렀고, 히브리서는 "죄의 유혹"(히 3:13)이라고 했다.

현명한 사람은 위험에 직면했을 때 침착하고 조심스럽게 앞으로 나아간다. 경계심을 늦추지 않고 한 걸음 한 걸음 주의를 기울여 내딛는다. 난관을 발견하면 즉시 도움을 요청한다. 현명한 그리스도인 역시 죄의 유혹에 빠지지 않기 위해 경계심을 늦추지 않고 기도한다(마태복음 26:41을 보라). 그리고 악에서 구해달라고 외치며 도움을 청한다. 그러면 그 사람은 도움을 받고 안

전할 것이다.

건지심

"이것이 당신의 인생이다"라는 TV 프로그램은 초청 출연자 개인의 역사를 그의 일이나 지인을 통해 외적인 측면에서 조명한다. 그러나 어떤 사람이 당신에게 "당신의 인생은 어떤 것입니까?"라고 묻는다면, 당신은 내면에 있는 이야기부터 시작하여 속 깊은 면들을 내비치게 될 것이다. 당신은 목적이 있는 피조물이다. 따라서 당신은 머뭇거리면서도 당신의 목표와 도전, 갈등, 좌절, 이런 것들이 진행되는 과정을 들어가며 자신의 인생을 하나하나 설명할 것이다.

세속적이고 자기중심적인 사람은 성취와 성취하지 못함, 성공과 실패 정도로 인생을 설명한다. 유명한 인물의 회고록과 전기는 이런 식으로 그들의 인생을 설명한다. 그러나 성경의 기자나 성경의 인물들, 성경을 따르는 그리스도인들은 이와 다르다.

이들은 자신의 인생을 하나님 중심으로 본다. 하나님이 그의 인생을 결정짓는 중요한 요인이 되신다. 또 그의 인생을 평가할 수 있는 유일한 분이다. 그들은 하나님의 행동을 두 가지 중요한 개념으로 인식한다.

첫째, 자비이다. 그들에게 인생은 마치 찬송가의 가사처럼 처음부터 끝까지 자비롭다.

둘째, 건지심이다. 그들은 하나님을 섬기는 일과 하나님과의 교제를 방해하는 모든 문제와 어려움으로부터 하나님이 자신들을 계속해서 건져주셨다고 생각한다. 바울은 이렇게 말했다. 하나님은 "이같이 큰 사망에서 우리를 건지셨고 또 건지실 것이며 이후도 건지시기를 그에게 바라노라"(고후 1:10). 이러한 바울의 시각은 성경 전체에서 전형적으로 나타난다. 자비를 바라는 소망과 악에서 건져주시기 바라는 소망은 우리 신앙에 필수 요소다. 잠깐이라도 짬을 내어 성경에서 "구하다"와 "건지심"이 어떻게 쓰였는지 성구사전을 찾아보라. 그러면 당신은 이 점을 확신할 수 있을 것이다.

당신은 이제 당신의 인생이 모든 종류의 악에게 위협을 받아 위험에 처했다는 사실을, 따라서 매 순간 하나님의 건지심이 필요하다는 사실을 이해할 수 있는가? 만약 그렇지 않다면, 당신은 아직 당신이 보는 것을 이해하지 못하는 것과 같다. 당신은 차들이 지나가는 도로 한복판에서 눈을 감은 채 이리저리 헤매는 사람과 다를 바 없다. 당신 인생 가운데 실제로 일어나는 일이 무엇인지 주님의 기도에서 배우라. 점점 더 위험을 분별할 수 있게 될 때, 우리를 구하시는 위대한 분을 더욱더 의지하라. "그가 나를 사랑한즉 내가 그를 건지리라 그가 내 이름을 안즉 내가 그를 높이리라"(시 91:14). 이것은 하나님이 각 성도에게 하신 약속이다. 이것을 구하라. 곧 당신을 향해 주시는 말씀이 될 것이다.

더 읽을 말씀

- 건지심에 대한 찬양: 사무엘하 22장(=시편 18편)

복습과 적용

- 우리는 하나님께 영혼을 보호해달라는 기도를 늘 드려야 한다. 이 사실에서 우리는 우리 인생에 대해 어떤 점을 알 수 있는가?
- "상황이 불리하든지 유리하든지 간에 그 상황을 우리를 공격하기 위한 발판으로 삼는 우리 내면의 영적 악"이라는 말의 의미는 무엇인가?
- '스스로 속는 신비'라는 청교도들의 말은 어떤 의미인가?

13장 모든 악에서

첫째, 악은 실제로 존재한다. 따라서 그런 것은 없다는 듯이 생각해서는 안 된다. 힌두교 신비주의자나 다름없이 크리스천사이언스들도 악을 환영(幻影)으로 생각하고 싶어한다. 어떤 이들은 악을 발전과정에 있는 선이라느니, 또는 선을 오해한 것이라고 생각한다. 그러나 성경에서 악은 선과 마찬가지로 실제로 존재하며, 그 둘의 차이는 절대적이다.

둘째, 악은 비합리적이고 가치 없는 것이며, 이치에 맞지 않고 선이 왜곡된 것으로 정의할 수밖에 없다.

셋째, 하나님이 악을 제거하신다. 갈보리 희생의 대가로 하나님은 악에서 선을 건지셨다. 하나님은 이미 악을 이기셨고, 결국 악을 제거하실 것이다. 악의 존재를 인정한다고 해서 그리스도인이 염세주의자인 것은 아니다. 선을 파괴하는 이 미친 악이 장차 파멸되리라는 것을 알기 때문이다. 그리스도는 십자가에서 악을 정복하심으로써 이 사실을 확증하셨다(골 2:15 참조). 그리고 다시 오실 때 마침내 그 악을 근절하실 것이다.

주님의 재림의 날에, 그리스도인은 그의 안팎에서 주위의 악에 대항하여 싸운 것이 그에게 큰 유익이 되며, 무엇보다 하나님께 영광이 된다는 것을 목도하게 되기를 사모한다. 그때가 되면 이 세상에 악을 그토록 오래 허용하셨던 하나님의 선하심과 지혜가 증명될 것이다.

두 가지 종류의 악

악은 선(바르고, 가치 있고, 유쾌한 삶을 성취하는 좋은 것)을 파괴해 버리고 제거하는 나쁜 것을 의미한다. 정의한 바와 같이 악은 두 가지 형태를 띠고 있다.

첫째, 우리 외면의 악이다. 다시 말해, 난관, 슬픔, 궁핍, 질병, 역경 같은 환경적인 악이 있다. 회복할 수 없을 정도로 우리에게 큰 고통과 좌절을 안겨준다면 그 상황은 악이 된다. 사실, 나쁜 상황이라고 해서 그렇게 나쁜 것만은 아니다. 베토벤은 청각 상실이라는 좌절과 외로움이라는 고통을 영웅적인 음악으로 승

화시켰다. 수많은 병약자들이 만성적인 질병에도 불구하고 품위와 마음의 평정을 유지하고 있다. 시편 기자는 말했다. "고난 당한 것이 내게 유익이라 이로 말미암아 내가 주의 율례들을 배우게 되었나이다"(시 119:71). 그러나 때때로 일어나는 경우처럼 크나큰 고통 때문에 비명만 지르다가 탈진하여 정신을 잃는 상황이라면, 이것은 분명히 악이다.

둘째, 우리 내면에 타락한 악이 있다. 이것은 나쁜 사람들과 타락한 천사들의 악이다. 마귀 안에, 아담 안에, 당신과 내 안에도 선이 결여되고 그릇된 길로 벗어나는 악이 있다. 선이 타락한 이유와 방법은 성경에도 자세히 나와 있지 않고 우리도 이해하기 어려운 사항이다. 우리는 첫 번째 종류의 악에 대해 수동적이며 그 악 때문에 고통을 겪는 데 비해, 두 번째 종류의 악에 대해서는 능동적이며 그 악을 행하고 있다. 바울도 "원하지 아니하는 바 악은 행하는도다"(롬 7:19)라고 말한다. 정직한 사람이라면 모두 이 말에 "맞습니다. 저도 그렇습니다"라고 반응할 것이다.

구하시는 하나님

그리스도인들은 자기 안팎의 악을 경시해서도, 마음대로 행해서도 안 된다. 그리스도인들은 "악에게 지지 말고 선으로 악을 이

기기 위해"(롬 12:21) 부름을 받았기 때문이다. 이 말씀은 악이 그리스도인을 이길 수 없다는 것을 기정사실화한다. 이제 주님의 기도를 다시 한번 보자.

예수께서는 우리에게 "악에서" 구해달라고 하나님께 요청하라고 말씀하신다. '악'에 해당하는 헬라어가 (영어 성경 RSV의 본문처럼) 일반적인 '악'(evil)을 의미하는지 (영어 성경 RSV의 난외주처럼) '악한 존재'(the evil one, 사탄)를 의미하는지는 (후자에 가깝지만) 중요하지 않다. 첫 번째 번역은 "세상의 악, 우리의 악, 다른 사람의 악, 사탄과 타락한 천사들의 악 등 모든 악으로부터 우리를 구하소서"라는 의미일 테고, 두 번째 번역은 "우리를 멸하려는 사탄으로부터, 그리고 사탄이 그런 목적으로 이용하는 모든 것, 즉 세상의 불경(不敬), 죄로 가득한 우리 육신의 본성, 모든 종류의 영적 악으로부터 우리를 구하소서"라는 의미일 것이다. 두 가지 번역 모두 결론은 같다.

좀 더 중요한 것은, 예수께서 우리에게 이 기도를 하라고 명하신 것은 우리가 구하면 악에서 구해주시겠다고 암묵적으로 약속하신 것이라는 점이다. 우리가 "구하시옵소서"라고 외치는 순간, 하나님은 구원의 손길을 펴신다. 어떤 형태의 악이 우리를 위협하든 우리가 그것에 맞서 싸우면 도움의 손길이 찾아온다.

더 읽을 말씀

- 악에서 구하심: 고린도후서 1:3-11, 12:1-10

복습과 적용

- 하나님은 지금 악을 어떻게 대하시는가? 결국 어떻게 처결하실 것인가?
- 나쁜 상황이 우리에게 유익을 줄지 해를 줄지 우리는 무엇을 보고 결정할 수 있는가?
- 하나님은 악에서 누구를, 왜 구하시는가?

14장 나라와 권세

음악이 인간 감정의 전 영역을 표현할 수 있는 것처럼, 주님의 기도도 그리스도의 제자가 삶에서 느끼는 모든 영역의 관심을 다룬다. 구원하심에 대한 찬양(아버지여), 하나님의 초월적인 위대함에 대한 경배(하늘에 계신), 하나님의 영광을 위하는 열정(이름이 거룩히 여김을 받으시오며), 하나님의 승리에 대한 갈망(나라가 임하시오며), 자신을 하나님께 바치는(뜻이 이루어지이다) 내용이 모두 전반부에 나타나 있다. 일반적인 기도의 요소라고 보는 '하나님을 높임'(Adoration), '성별'(Consecration), '감사'(Thanksgiving), '간구'(Supplication) 가운데 간구만 빼면 모두 전반부에 나온다(첫 철자만 따면 ACTS가 된다).

후반부에 나오는 간구는 물질적인 필요를 충족시켜주시는 분이 하나님이며(우리에게 일용할 양식을 주시옵고), 신실하지 못한 데 대한 회개와 자비롭지 못한 삶의 방식의 포기(우리가… 사하여준 것같이… 사하여 주시옵고), 그리고 우리가 영적인 원수들 앞에서 연약하다는 것(우리를 시험에 들게 하지 마시옵고, 다만 악에서 구하시옵소서)을 보여준다. 그다음 전통적인 기도 형식에 따라 다시 찬양으로 돌아간다.

주님의 기도를 마무리하는 송영(doxology)은 고대 전승을 따른 것으로서 최상의 성경 사본에는 없다(한글 성경은 괄호로 표기했다-옮긴이). 송영(하나님의 영광에 대한 찬양)은 성경 곳곳에 나타나 있으며, 뜻이 이루어지기를 바라는 기도에도 나온다. 이 기도에서 우리는 찬양과 기도가 어디에서 비롯되어 뻗어나가는지, 그리고 그것이 어떻게 또 다른 찬양과 기도를 자극하는지 보았다. 각 송영의 주요 동기는 하나님께서 필요한 것들을 채워주신 데 있다. 하나님의 성품과 역사(役事)를 찬양하는 행위는 하나님이 우리를 위해 더 많은 일을 하시도록 자극한다. 따라서 찬양을 하면 할수록 기도에 더 많은 활력을 얻으며, 기도를 하면 할수록 찬양할 일이 더 많아진다.

기도와 찬양

기도와 찬양은 새의 두 날개와 같다. 두 날개를 다 퍼덕여야 날아오를 수 있다. 한쪽이라도 날갯짓을 하지 않으면 땅에 떨어질 것이다. 날지 못한다면 새가 아닌 것처럼 그리스도인에게는 찬양이 없어서는 안 된다. 주님의 기도 첫머리의 "하늘에 계신"과 "뜻이 하늘에서 이루어진 것같이"는 찬양하기 위해 잠시 숨을 돌리는 부분이다. 그리고 이 마지막 송영은 예수께서 직접 하신 말씀이 아니라고 하더라도, 분명 예수의 의중을 반영한다.

송영은 접속사에 의해 앞절의 간구와 연결된다("나라와 권세와 영광이 아버지께 영원히 있사옵나이다"에 해당하는 영어 본문은 "for thine is the kingdom and the power and the gloiy…"로서 문두의 for는 접속사다. 직역하면, "왜냐하면 나라와 권세와 영광이 아버지의 것이기 때문입니다"이다-옮긴이). 우리는 하늘에 계신 아버지께 공급, 용서, 보호를 담대하게 요구할 수 있다. 하나님은 그분의 자녀들에게 그 '능력'대로 베푸는 분이자 사람들을 대할 때 자신의 성품인 '영광'을 드러내는 분임을 우리가 알기 때문이다. 이런 연고로 간구(기도)와 송영을 연결했다. 이 송영은 간구의 근거가 되는 하나님의 권세와 영광에 대한 찬양의 실제적인 사례다.

나라와 권세

이 송영에서 하나님께 돌리는 나라와 권세는 두 단어이지만 한 가지 생각을 나타내는 말이다. (문법학자들은 이것을 중언법[重言法]이라고 부르는데, 고대 문헌에서 일반적으로 사용되었다.) 이 두 단어가 담고 있는 생각은 "전능하신 통치"이다. '나라'는 시편 103편 19절, "'그의 왕권'으로 만유를 다스리시도다"라는 구절에서도 사용되었다. 이 구절은 주님의 기도의 간구, 곧 만사에 영향을 끼치는 구속의 질서가 도래하기를 바라는 간구("나라가 임하시오며")를 전제하는 '하나님이 창조질서를 총괄하신다'는 사실을 표현한다. 그러나 사탄은 하나님이 왕이신 것을 인정하지 않는다. 나아가 이 송영을, 그리고 모든 송영을 헛된 것으로 폐기하려 한다. 그러나 그리스도인들은 그렇게 어리석지 않다. 그리스도인들은 이 송영으로 하나님을 찬양한다.

주님의 기도 말미에 나오는 '권세'는, 회오리바람이나 떠돌이 코끼리나 미친 독재자의 경우처럼 제멋대로 휘두르는 권력이 아니라 하나님의 통치에서 나타나는 실제적인 지배권을 말한다. 하나님은 이 권세로 "우리 모든 인간에게" 자비와 친절한 사랑을 충만히 베푸신다. 하나님은 이 권세로 모든 이에게 은총을 베푸시고, 이스라엘을 애굽에서 구하시고, 예수 그리스도를 죽은 자들 가운데서 다시 살리셨다(엡 1:19-22 등 참조).

주님의 기도 송영에 있는 '나라와 권세'를 가장 잘 설명해주는 것은 시편이다. 시편은(시편 47, 93, 97, 145편 등에서) 하나님을 천하무적의 왕이지만 은혜로운 왕이라고 선포한다. 관련 시편들을 읽고 곰곰이 생각한 뒤, 그 내용을 가슴에 새겨라. 그래서 기쁨과 환희로 가득 찬 그리스도인이 되라! "할렐루야 우리 하나님을 찬양하는 일이 선함이여 찬송하는 일이 아름답고 마땅하도다"(시 147:1).

더 읽을 말씀

- 왕으로서의 하나님의 권세: 다니엘 4장, 시편 145편

복습과 적용

- 찬양과 간구는 어떻게 맞물려 있고 어떤 식으로 조력하는 관계인가?
- '전능하신 통치'란 무엇인가? 하나님은 이것을 현재 이 세계에서 어떻게 발휘하시는가?
- 하나님의 권세는 어떤 것인가?

15장 그리고 영광

신약에서 '영광'이라는 단어는 이중의 의미가 있다. 두 의미는 반드시 맞물려 있다. 첫 번째 의미는 창조주가 찬양받으실 만하다는 것이고, 두 번째 의미는 그렇기 때문에 피조물이 찬양을 드린다는 것이다. 어떤 의미가 먼저인지는 언급하는 내용에 달렸다. 즉, 하나님께 있고 하나님이 보여주시고 하나님이 주시는 영광을 언급하는지, 또는 그분이 받으시는 영광을 언급하는지에 달려 있다. 우리에게 은혜를 주신 하나님께 우리가 감사함으로 찬양을 드리면, 그것은 지금도 우리를 그리스도의 모습으로 다시 지어가시는 하나님께 영광을 돌려드리는 일이 된다(고린도후서 3:18과 에베소서 1:3을 보라. 로마서 1:21과 8:17, 30을 비교하라). 인간이 하나님을 찬양으로써 하나님께 돌려드리는 영광은 하나님의 영광

그 자체를 위한 것이다. 반면 하나님이 사람에게 보여주시는 영광은 찬양을 촉구하는 의도에서 나온 것이다.

보이시는 영광

구약에서 하나님은, 두려움을 자아내는 밝은 빛(후대 유대교는 이것을 '세키나'라고 불렀다)이라는 전형적이며 눈에 보이는 형태로 자신의 영광을 나타내셨다. 이것은 하나님이 성막과 성전에 임하신 표였다(출 40:34; 왕상 8:10).

그러나 하나님의 영광을 본질적이고도 영구적으로 드러낸 것은 예정된 심판과 뜻밖의 사랑이라는 하나님의 위대한 행동과, 하나님의 본성과 성품을 드러내는 그분의 '이름'이다. (현대 신학자들은 '야훼'라고 발음하는) '여호와'라는 이름은 "스스로 있는(그리고 있을) 자"(출애굽기 3:13-15을 보라)라는 뜻이다. 하나님이 이름을 완전히 밝히신 것은 자신이 어떠한 분이고, 어떤 분으로 계실지 명확히 선포하신 것이다. 모세가 하나님께 "주의 영광을 내게 보이소서"라고 요청했을 때 하나님은 이렇게 이름을 밝히셨다. 이때 하나님은 눈으로 보이실 뿐 아니라 다음과 같이 이름을 선포하심으로써 응답했다. "…내가 여호와의 이름을 네 앞에 선포하리라… 이름을 선포하실새… 여호와로라 여호와로라 자비롭고 은혜롭고 노하기를 더디하고 인자와 진실이 많은 하나님이라 인자를 천 대까지 베풀며 악과 과실과 죄를 용서하리라 그러나 벌을 면죄하지는 아니하고… 보응하리라"(출 33:18-34:7).

이런 도덕적 성품이 하나님의 본질적인 영광이다. 따라서 말씀이 창조 이전부터 하나님과 함께 누렸던 영광을 비우고 육신이 되셨을 때, '세키나'의 찬란함은 사라졌다. 오직 변화산에서 잠깐 보이셨을 뿐이다. 그러나 예수의 제자들은 그분에게서 "은혜와 진리가 충만한" 하나님의 영광을 "보았다"고 주장할 수 있었다(요 1:14, 17:5; 빌 2:7 참조). 물리적인 세키나의 영광이 크다 할지라도, 하나님의 구원하시는 사랑이 지닌 도덕적 영광에는 비할 바가 아니다. 현대인은 세키나를 보지 못하는 대신, 예수 그리스도의 얼굴에 있는 하나님의 영광을 본다(고후 4:6).

받으시는 영광

우리가 주님의 기도의 송영으로 하나님께 영원히 영광을 돌릴 때, 우리는 하나님께(또 자신에게) 다음과 같이 말하는 것과 다름없다.

첫째, 하나님, 당신은 우리를 만드시고 구원하신 분으로서 하시는 모든 일에서, 특히 은혜 사역에서 영광을 얻으시며 앞으로도 언제나 영광을 얻으실 것입니다("주의 크신 영광을 인하여 주께 감사드립니다").

둘째, 그 모든 것을 인하여 주님을 예배하고 섬기기 위해, 지금 그리고 앞으로도 언제나 이 몸을 주님께 바칩니다("영광이 높이 계신 하나님께 있사옵니다").

이와 같이 송영은 주님의 기도를 찬양으로 끝맺도록 한다. 그리스도인의 삶의 모습도 그러할 것이다. 즉, 간구는 현세의 삶과 함께 끝나지만 하나님께 영광을 돌리는 복된 일(찬양)은 영원히 지속될 것이기 때문이다.

영광을 누구에게?

이제 우리의 영적 자질을 시험해보자.

죄(인간 안에 있는 마귀의 형상)의 원리는 이렇게 말한다. "영광은 하나님의 것이 아니라 내 것이다."

따라서 우리는 사람들이 감탄하고 우리에게 영광 바치기를 원하면서 자신에게 영광이 되는 것들을 과시하고 있다. 이것이 허영심이라고 하는 자만심의 한 단면이다. 허영심이 많은 사람들은 용모, 몸매, 옷, 기술, 지위, 영향력, 집안, 두뇌, 사교력 등 자기가 가장 자랑할 만한 것들을 뽐내며, 다른 사람들에게서 칭찬을 기대한다. 그리고 사람들이 자신을 칭찬하지도 않고, 자신에게 감명을 받지도 않으면 분개하고 상처를 입는다.

그러나 그리스도인들은 허영심이 거짓임을 안다. 허영심의 실체는 무엇인가? 바로 자신이 찬양과 감탄의 대상이라고 생각한다는 점이다. 기독교는 허영기 있는 사람처럼 행동하지 말고, 우리가 가진 모든 것이 하나님께서 우리에게 주신 선물이며, 따라서 찬양과 감탄을 받을 분 역시 우리가 아니라 하나님임을 인정하라고 가르친다.

우리의 영적 자질을 테스트할 수 있는 간단한 방법은, 자기가 아니라 하나님이 찬양을 받으실 때 혹은 하나님이 아니라 자기가 찬양을 받을 때, 자신의 기분이 어떤지, 유쾌해지는지 불쾌해지는지 자문해보는 것이다. 성숙한 그리스도인은 영광이 자신에게 돌려지지 않는 것에 만족하며, 사람들이 하나님을 영화롭게 하지 않는다는 데 의문을 느낀다. 청교도이자 저명한 기독교 저술가였던 리처드 백스터는 그가 죽기 직전에 사람들이 그를 찾아와 그의 여러 저서에 대해 칭찬했을 때 마음이 편치 않았다. "나는 하나님의 손에 들린 펜일 뿐이었습니다. 펜에게 무슨 칭찬을 돌립니까?"라고 숨을 몰아쉬며 말했다고 한다. 이 말에서 우리는 성숙한 그리스도인의 정신 자세를 엿볼 수 있다. 성숙한 그리스도인은 매 순간 이렇게 외쳐야 한다. "영광을 하나님께 돌리시오! 영광은 하나님께 있으며, 오직 그분의 것입니다!"

이 테스트 결과는 당신에게 어떤 점을 알려주는가?

더 읽을 말씀

- 송영의 방법: 로마서 11:33-36, 에베소서 3:20 이하, 디모데전서 6:13-16, 히브리서 13:20 이하, 유다서 24절, 요한계시록 1:4-7

복습과 적용

- '영광'이라는 단어의 두 가지 의미는 무엇인가? 그리고 두 의미 사이에 어떤 관계가 있는가?
- 하나님의 성품과 하나님의 영광은 어떤 관계가 있는가?
- '세키나'가 없다고 해서 하나님의 영광을 볼 수 있는 우리의 능력이 제한되는가? 그런 이유는, 또는 그렇지 않은 이유는 무엇인가?

16장 아멘

주님의 기도나 기타 다른 기도 끝에 "아멘"이라고 말할 때, 그 의미는 무엇인가?

예, 정말로 그렇습니다!

'아멘'은 구약과 회당예배에서 사용되다가 오늘날 그리스도인들에게까지 전해진 히브리어다. 성경에서 아멘은 기도를 끝내는 말이었을 뿐 아니라, 다윗 왕의 명령(왕상 1:36)과 하나님의 강한 경고(민 5:22; 신 27:17-26)를 받아들이면서 했던 말이었다. 아멘의 기본적인 의미는 "진실한, 확고한, 확실한"이라는 뜻이며, 들은 내용에 대한 강한 긍정을 나타낸다. 중부 잉글랜드 영어의 "definitely yes"(확실히 그렇습니다)와 미국 회화체 영어의

"that's the truth"(정말로 그렇습니다)에 해당하는 표현이라고 볼 수 있다. 일반적으로 '아멘'의 뜻이라고 알고 있는 "그렇게 되기 원합니다"는 뜻이 너무 약하다. '아멘'은 단순한 '바람'(wish)이 아니라 헌신적인 확신을 나타내며 (그렇게 되도록 힘쓰겠다는 의미가 담긴) "그렇게 될 것입니다"라고 말하는 것과 같다.

'아멘'은 말끝에 오거나 말 앞에 온다(예수께서 말씀하실 때 50회 이상 사용하신 표현 "진실로 내가 이르노니"에 있는 '진실로'는 히브리어 표현으로 '아멘'이다). '아멘'이 말끝에 오든 아니면 말 앞에 오든, 그것은 한 말 또는 할 말이 중요하다고 강조하는 것이다. 고린도후서 1장 20절에서 바울은 하나님의 약속에 대해 "아멘"이라고 말하는 그리스도인들에 관해 언급하며, "그 이름이 아멘이신 하나님", "그 말씀이 참되신" 하나님을 참되시고 믿을 수 있는 분으로 높여드린다(사 65:16; 삼하 7:28). 또 고린도전서 14장 16절에서 바울은 공예배에서 드린 감사의 기도에 그리스도인들이 "아멘"이라고 대답하는 것을 머릿속으로 그려본다. 입술로만 아니라 마음을 합하여 "아멘"이라고 말하면, 우리는 그 약속과 기도에 동참하게 된다.

당신의 기도는?

전통적인 송영은 우리에게 주님의 기도를 '아멘'으로 마무리하라고 가르친다. 이것은 옳다. (크고 강하게) "아멘"이라고 말하는 것은 우리가 기도한 내용을 행할 작정이며, 기도에서 표명한 태도, 소망, 목표에 완전히 공감한다는 것을 최종적으로 공언하는 것이다. 기도에 대한 이 간략한 공부를 마무리하기에 가장 좋은 방법은 관련된 중요 사항을 체크해보는 것이다. 이제 내가 당신에게 묻겠다.

당신은 예수 그리스도를 당신의 구주로 믿으며, 그분으로 말미암아 하나님을 당신의 하나님으로 믿는가? 우리가 다같이 "우리 아버지여"라고 부르는 것처럼 모든 그리스도인을 하나님의 가족의 일원으로, 즉 당신의 형제로 인정하는가?

그 대가가 어떠하든 간에 하나님의 이름이 당신 안에서, 당신을 통해 거룩히 여겨지는 것을 당신 인생의 목적으로 삼겠는가?

필요하다면 하나님 나라를 위해 고생하고 고통을 감수하겠는가? 하나님께 가는 문이 닫혀 있는 사람에게, 또는 그런 상태에서 하나님 나라를 임하게 하는 수단과 그 대리인으로 자처하겠는가?

하나님의 뜻을 나타내는 계명을 당신의 규례로, 하나님의 뜻대로 일어난 사건들을 당신의 운명으로 기꺼이 받아들이는가? 그것이 모두 지극히 선한 것임을 (믿음으로) 깨닫고 즐거이 받아들이는가?

당신이 충실하게 지키는 다른 원칙들이 있다는 핑계로 하나님의 뜻인 계명을 제대로 지키지 않는 어떤 문제가 있는가? 그렇다면, 지금 당신은 그 문제를 어떻게 하려고 하는가?

오늘 우리에게 필요한 것들을 하나님이 주시지 않고, 오늘 우리의 죄를 용서하시지 않는다면, 오늘의 시험에서 보호하시지 않는다면, 당신이 버림받는다는 것을 이해하는가?

하나님이 언제나 당신에게 용서와 자비를 베풀어주심으로 당신도 다른 사람에게 원한이나 불편한 마음을 품지 않고 항상 용서와 자비를 보이겠다고 다짐하는가?

당신에게 해를 끼쳐서 아직까지 용서하지 않은 사람이 있는가? 이 순간 당신이 태도를 바꾸고 그 사람과 바른 관계를 회복할 수 있도록 도와달라고 주님께 요청할 것인가?

유혹에 맞서 습관처럼 깨어 기도하는가? 지금부터 깨어 기도하기로 결심하겠는가?

주님의 기도가 참으로 당신 마음에 있는가? 주기도문 끝에 "아멘"이라고 말할 때, 그 말에 진심이 담겨 있는가?

"오 하나님, 우리 내면의 마음을 깨끗케 하옵소서. 당신의 거룩한 영을 우리에게서 거두지 마옵소서." 주님, 내게 예수를 위해 사는 법을 가르치소서. 기도하는 법을 가르치소서. 아멘.

더 읽을 말씀

- 위선의 위험: 전도서 5:1-6, 사도행전 5:1-11

복습과 적용

- '아멘'은 무엇을 의미하는가?
- 하나님은 왜 '그 이름이 아멘이신 하나님'이라고 불리는가?
- 주기도문에 대해 '아멘'이라고 말할 때, 그것은 어떤 의미가 있는가?

제임스 패커의 기독교 기본 진리
주기도문

초판 1쇄 인쇄 2012년 9월 24일
초판 8쇄 발행 2024년 10월 18일

지은이 | 제임스 패커
옮긴이 | 김진웅
펴낸이 | 정선숙
펴낸곳 | 협동조합 아바서원

등록 | 제 110-86-15973(2005년 2월 21일)
주소 | 경기도 고양시 덕양구 삼원로 51 원흥줌하이필드 606호
전화 | 02-388-7944 **팩스** | 02-389-7944 **이메일** | abbabooks@hanmail.net

ISBN 978-89-969503-3-2
     978-89-969503-0-1(세트)

잘못 만들어진 책은 구입한 곳에서 교환해 드립니다.